大夏书系·幼儿教育

朱家雄 张亚军 ◎ 主编

给幼儿教师的建议

Geiyouerjiaoshi
dejianyi

华东师范大学出版社
EAST CHINA NORMAL UNIVERSITY PRESS

目 录

序 言

　　编这本书的初衷很简单，就是想为幼儿教师做一本亲切、可读、实用且有益的书。

　　产生这样的初衷也是有缘由的，那就是——幼儿教师的阅读现状令人担忧。这不单是幼儿教师群体存在的问题，也是整个基础教育教师群体存在的问题。甚至，我们国家整个国民的阅读现状也是令人倍感忧虑的。幼儿教师不大读书，这不应完全怪罪于幼儿教师，而是有其客观的原因：首先，在教师群体中，幼儿教师可以说是最累、最辛苦、空余时间最少的。每天雷打不动的带班时间里要完全和孩子待在一起，其余的上班时间也基本上都花在备课、制作教具、教研等工作上了，真难挤出多少空闲时间来阅读；其次，在已出版的学前教育类书籍中，真正适合幼儿教师阅读的、对幼儿教师的专业成长有切实帮助的书籍相对而言还是偏少的。因此，有进取心的幼儿教师在遴选教师用书时，会感叹"真正为幼儿园一线教师写的书还是远远不够的"。

　　已出版的学前教育类书籍，大体偏向于两种类型：一种是纯理论类读物，一种是纯实用类读物。前者大多体系庞杂，内容艰深，甚至晦涩难懂，只能令幼儿教师望而兴叹；后者一般属于幼儿教师随手可用的书籍，如：活动方案、环境布置、技能指导之类的书籍往往深受他们喜爱。但后者的问题在于：实用有余，但对教师的能力提升与发展帮助不大，甚至限制了幼儿教师的创新和反思能力。因此，介于这两者之间的学前教育类书籍对于幼儿教师的专业成长可能更有益，更切合其需要。这类书籍从文风上来说是亲切、可读的；从专业上来说，不仅是实用的，而且能促进幼儿教师的业务提升与反思，有益于他们的专业发展。因此，我们就有了编这本书的初衷。

以"建议"的形式汇编本书，是我们的编写初衷的具体体现，当然也给我们带来了压力。因为苏霍姆林斯基的《给教师的一百条建议》像一座山一样横在读者面前，而其他的"建议"类的教师教育书籍也很有分量。但是，我们的关注点以及编写角度与以上书籍不同：我们关注的是幼儿教师的专业成长，更重要的是，我们是以与教师对话的视角，而不是以居高临下的指导者的口吻来编写的。本书所收文章的作者以幼儿园一线教师为主，书中的建议是他们对日常工作的经验提升，内容全面，涉及幼儿教师专业成长的各个方面。这是一本关于如何做好幼儿教师的工作手册。我们希望这本书能引起幼儿教师的共鸣，使他们在每篇文章中都能找到自己工作的影子，进而产生属于自己的思考和反思，提出自己的建议。因此，这又是一本开放的、动态的幼儿教师读物，适用于整个幼儿教师群体和相关幼教工作者，包括在校的幼师专业学生。如果各类读者能以自己的方式扩充和丰富这本书的内涵，那么我们也算实现了初衷。

在历时近一年的组稿和编撰的过程中，我们一直尽力而为，按照我们的初衷来进行创作。但限于笔者水平和稿源的局限，本书的不足之处肯定在所难免，只能恳请读者指正了。我们希望这是一个很好的开端，并会沿着这样的足迹继续努力。

朱家雄　张亚军

向孩子张开你的怀抱

如果不能爱孩子，我不懂得还能谈什么规则、方法和技能。

————裴斯泰洛齐

1 向孩子张开你的怀抱

潘 莹

与孩子们共享幸福的回忆

在一次大班毕业典礼结束后，一个小女孩打电话给她的老师。电话接通了，小女孩一开始支支吾吾地没说话，害羞地把电话塞给了一旁的妈妈。妈妈说："老师，我是丫丫的妈妈。因为我们丫丫的毕业通信录上有你的电话号码，放学回来第一件事她就要打电话给你。老师，谢谢你，我们丫丫每天放学回来都是高高兴兴的，总是兴奋地告诉我今天老师教了什么、说了什么话。谢谢你对我们丫丫的关爱，我们家长真的很感激你。"电话转到小女孩手里，她说："老师，我想你了！"老师说："丫丫，老师也想你。"丫丫又说："老师，我爱你！"当听到这句话时，老师的眼睛湿润了，她不能控制自己的情绪，哽咽地说了句："老师也爱你。"电话挂断了，老师的心情久久不能平静，幸福的感觉在一瞬间涌上心头……

感受孩子们的稚气与真情

动动是个清秀的男孩子，学习好，守纪律，可以说是老师心目中的"乖孩子"，但是他非常内向，说话声音也不大，生怕被老师批评。同其他孩子相比，动动少了一份天真，多了一份老成。新老师刚从学校毕业，带着些许稚气和一颗童心，很快就和孩子们成为了好朋友。动动很喜欢新老师，每个星期，他都会把自己制作的卡片、折纸、图画等用小信封装起来送给老师。老师会把动动送的每一件礼物都小心翼翼地收藏起来，视若珍宝。刚刚走上工作岗位的新老师是个粗心的姑娘，刚带班的那会儿，总会犯一些小错误。每当这时,动动就会在自由活动的时间里轻轻地走到老师身旁,小声地说:"老师,你说错了,应该……"就这样,动动和老师成为了好朋友。在老师的鼓励下,动动变得越来越活泼了,说话也更自信了。老师在动动的"小贴士"的帮助下,也很快掌握了带班技巧。

收获纯真的感动

午睡时,一个小女孩突然大叫,老师赶忙跑到小女孩的床前,想看看发生了什么事情。小女孩睁大着眼睛看着老师说:"我梦到我从滑滑梯上摔下来了。"原来小女孩是叫着老师的名字醒过来的,老师突然心头一热,抱着小女孩说:"不怕,有老师在,没事的,睡吧。"她拍着小女孩的背,小女孩慢慢地睡着了。此时的老师无比感动,她感动,因为孩子们喜欢她;她感动,因为孩子们信任她;她感动,因为孩子们依恋她。

体验内心的喜悦

洋洋是个天真、可爱、调皮的孩子,平时没少给老师惹麻烦。但是有一天,洋洋突然冲到老师面前说:"老师,我们班级停车场里的那辆小汽车我家也有的,我爸爸每天开着上班的。"老师回应道:"真的啊?老师都没有小车子。"洋洋说:"老师,等我以后赚大钱了,我送一辆给你。"听了洋洋的话,别的小孩子也都跟着说起来了:"老师,我也送你,我送你别克凯越。""我送你大房子!"……孩子们开始争先恐后地说了起来。看到他们说话时认真、严肃的表情,老师心里暖暖的,那是一种欣慰的喜悦。有了这种喜悦,工作再苦再累都值得。老师不希望孩子们给她大车子、大房子,仅仅希望他们能够健康、快乐地成长。

教师的快乐其实很简单:只要用你的真心、真爱、真感情来呵护每一个孩子,他们也同样会喜欢你、信任你,并把幸福带给你。

如果你要问,如何让孩子喜欢上自己?很简单,向孩子张开你的怀抱。

(作者单位:上海市实验幼儿园)

2 做一名美丽的幼儿教师

张卫民

"爱美之心，人皆有之"，人们都会自觉或不自觉地在湖光山色中流连、在楼台庭院中徜徉，在轻歌曼舞中陶醉，在诗词曲赋中自得……美是人们的生活理想，是人们的力量源泉。追求美，是人们的一种生活态度。

契诃夫说过："人的一切应该是美丽的：面貌、衣裳、心灵、思想。"幼儿教师的一切也应该是美丽的。如何做一名美丽的幼儿教师，是教师的形象塑造问题。教师的形象是一种巨大的教育力量，教师的一言一行、一颦一笑，无不具有教育性：在与幼儿接触的过程中，对其产生潜移默化、耳濡目染的影响。幼儿也通过与教师的接触，从细节中学到很多东西，正所谓"桃李不言，下自成蹊"。

幼儿教师的形象应该是美的。美好的形象是内在美和外在美的和谐统一，内在美是外在美的本质和灵魂，外在美是内在美的外在表现。幼儿教师的外在美包括仪表美、语言美和行为美等。

幼儿教师的仪表要美。仪表指人的外表，包括形体、容貌、服饰、表情、姿态和动作等。我们都知道，幼儿教师的仪表应该直接传达给幼儿美的信息，每一位教师都应把仪表美作为极其重要的事情来对待。据调查，家长、园长、社会群体心目中理想的幼儿教师的形象是这样的：外表端庄、自然、亲切，服饰整洁、稳重、美观，声音温柔、清脆，态度耐心、和蔼。另外，幼儿教师的面部表情要自然而真诚、丰富而适度，微笑要发自真心。幼儿喜欢琢磨教师的每一个神情，特别是在活动时，幼儿教师丰富、适当的面部表情与所讲的内容相结合，能更准确、生动地传达所表现的情绪。

欣赏幼儿教师组织教学活动时，我常常感叹他们就是天生的演员，丝毫不逊于舞台上光芒四射的明星。幼儿教师的一个手势、一个眼神都可以"颠倒众生"，因为一个抚摸是直达幼儿心灵的安抚，一个肯定的眼神是重树幼儿信心的开始。幼儿教师要善于利用这些体态语言。比如，我们可以在早晨迎接幼儿入园时，用美丽的微笑、温暖的拥抱、"××小朋友，早上好"，让幼儿顿时产生像对母亲般的信赖感和安全感，使其乐意留在幼儿园。我们可以在下午护送幼儿离园时，用同样的微笑和拥抱，再道一句"××小朋友，再见"，让幼儿跟着家长安心地离园，并回味幼儿园里一天的愉悦。

幼儿教师的语言要美。幼儿教师应十分重视自己的语言美。第一，语言要简洁、规范、温和、悦耳、生动、形象、富有感染力，语调要亲切、自然，语速要舒缓、柔和。第二，谈吐要文雅，使用文明用语。"请"、"谢谢"、"对不起"要常挂在嘴边。第三，依据面临对象的特殊性，幼儿教师的语言要有童真、童趣，这样教师才更容易和幼儿进行情感的交流。

幼儿教师的行为要美。幼儿教师的行为美既有对自己及生活的美化，又有对自身生活环境的美化。"其身正，不令而行；其身不正，虽令不从。"幼儿教师要时刻注意为人师表，以身作则，注重自身姿态、动作，修饰、打扮要合乎美的标准。因为在幼儿的心目中，幼儿教师既是母亲，又是导师。幼儿教师的形象是高大的、神圣的，幼儿会毫不犹豫地接受教师的一切言行，并加以模仿。

幼儿教师美好的形象绝不仅仅限于美丽的外貌，更主要的是内在的气质和精神。正如罗丹所说："我们在人体中崇仰的不仅仅是美丽的外表形象，而是那种能使人透明发亮的内在的光芒。"心灵的东西才是幼儿教师外在形象的源头，如果说我们觉得一个幼儿教师具备所有的外在美，那这种美绝对是源于心灵的。内在美就是我们通常所说的心灵美，它是一种源自人内心世界的美，是一定的思想道德、情操及文化素养的最好体现。心灵美是一种道德之美、品质之美，是真、善、美的和谐统一。

幼儿教师心灵美的主要特征是融灵魂美、精神美、思想美于一体并形成无私而又伟大的师爱。教师应平等地、一视同仁地关心和爱护每一个孩子，应真正发自内心地爱每一个孩子，不管他的家庭背景如何，不管他的长相是美还是丑，不管他是听话还是淘气，甚至不管他是否喜欢你。幼儿教师的心灵美在于宽容每一个孩子，原谅他们在成长中所犯的错误，帮助他们健康地成长；在于善于发现每一个孩子的闪光点，用赏识的眼光看待他们的发展；在于尊重每一个孩子，认真地对待每一个个体；在于尊重孩子们独特的想法，尊重他们的创造性思维，尊重他们的个性发展；在于教师自己所具备的优秀的思想品质、良好的文化修养和乐观的生活态度。众所周知，幼儿教师的工作是非常繁杂、琐碎的，教师既是幼儿生活中的妈妈，又是他们学习中的导师。由于幼儿特殊的年龄特征，幼儿教师承担了其他年龄段教师所无法想象的工作负担和压力。很多幼儿教师出现职业倦怠，懒懒散散地过着得过且过的日子，这不仅是对幼儿不负责的表现，更是对自己青春和生命的极度浪费。这就需要幼儿教师不断从各方面提升自己。当你睁大双眼寻求美的时候，请相信那些简单做事，认真做人，并享受着充实而美丽的日子的幼儿教师是最美丽的一道风景。

城市有繁华、热闹之美，乡村有淳朴、宁静之美，旭日有朝气蓬勃之美，落霞有灿烂、渲染之美，大海有波涛汹涌之美，小溪有涓涓流水之美。每种事物都有自己的美丽之处，幼儿教师，何不让自己活得更美！

（作者单位：湖南师范大学教科院学前系）

③ 品读"职业幸福"

刘学军

有人说："幼儿教师是'高级保姆,低人一等',只是负责看孩子,负责他们的吃、喝、拉、撒。"也有人说:"家有三斗粮,不做孩子王。"其实,幼儿教师"站起来是老师,蹲下来是妈妈"。每天超负荷的工作,练就了其超强的工作效率,但其精神也高度紧张。幼儿教师大多是女同志,既要忙家里,又要忙幼儿园,像陀螺一样不停地转,所以身心疲惫,甚至产生"职业倦怠"。人们不禁怀疑:"当幼儿教师真的幸福吗?""当幼儿教师能够实现自己的人生价值吗?""我们还有大家所说的快乐吗?"

我认为,幼儿教师应该将幼儿快乐成长的过程视为自身生命增值的过程,从中享受奋斗与收获的感动。

要学会热爱。幼儿工作的核心是"爱"。赞可夫说过:"当教师必不可少的,甚至几乎是最主要的品质,就是热爱儿童。"因此,教师要做到热爱每一个幼儿,主动接近幼儿,用教师广博而无私的爱去理解、宽容、尊重和关心每一个幼儿,使他们感受到来自老师的母亲般的温暖。课上,应用亲切的态度、夸张的表情吸引幼儿的注意;课下,应和幼儿一起玩耍;在用餐、喝水的时段,应对幼儿悉心照顾,事事关注,并随时观察他们的身体状况……以此走进幼儿的内心世界,成为他们的好朋友,并努力让每一个幼儿都获得快乐和进步。

要学会奉献。幼儿教师的工作很辛苦,在他们中间流传着这样一句话:"在园一条龙,在家一条虫。"因为学龄前的孩子各方面能力有限,所有有关孩子的事情都要教师亲历亲为,教师永远有做不完的教具、创设不完的环境、做不完的案头工作、应付不完的各种评比，还有孩子们提不完的问题、告不完的状，此外还有系不完的鞋带、擦不完的鼻涕……要做好这些工作，需要耐心、细心、诚心和责任心，需要"默默无闻、无私奉献"的精神。我们要在平凡、充实而忙碌的工作中，释放对幼教事业的满腔热情；要在辛苦和劳累中，履行一份沉甸甸的责任，奉献我们简单而深厚的爱。

认清角色是品读"职业幸福"的前提。做好本职工作是幼儿教师实现自我价值，获得个人满足，完成人格升华的有效途径。"画家"、"音乐家"、"舞蹈家"、"外交官"、"裁缝"、"木匠"、"油漆工"、"清洁工"……这些不同的称呼体现了幼儿教师工作的真正含义：繁忙与琐碎兼容，责任与压力并重，忙碌与疲倦同行。为此，我们要怀有平常心并充满自信，坦然地面对挫折；用一份爱、一颗心，获得孩子的爱，赢得家长的心。这种被需要、被尊重、被理解和支持的体验是幸福的。

（作者单位：河北省迁安市光彩幼儿园）

4 不要小看"寻常的麻木"

吴 婕

在与幼儿教师交流、沟通的时候，我发现有些教师自觉或不自觉地对所从事的工作流露出失落之情，有人甚至流露出厌烦的情绪，具体表现为：从心底不认可幼儿教师这一职业，认为"没出息"、"没前途"、"下辈子一定不做这个"、"地位低"、"没意思"等。

或许，他们已在幼教岗位上辛勤耕耘多年，新鲜感已消失殆尽，初期的职业热情在慢慢降低。于是，失落感也就悄然出现了，它像一股潜滋暗长的洪流，很容易便产生强大的"多米诺骨牌"效应，在同质人群里迅速蔓延。

请不要小看这种"寻常的麻木"，它所带来的消极影响并不像看上去那样简单，这些看似平常的抱怨极有可能成为扼杀教师专业发展的"刽子手"！

教师不是教书匠，因为教育工作是知性的、智慧的事业，需要情感的浇灌与培育。教师必须始终保持着对职业的那份纯真、热情，并在这种情感的驱动下不断努力，从而在飞速发展的社会中与时俱进！那些在教育一线取得不俗成绩的教师，无一不是对自己的职业充满赤子般的热情并孜孜不倦地一路走下去的。可见，从心底焕发出来的职业热情，是教师战胜劳累的一剂"灵丹妙药"！

教师的幸福感培育，很大程度上来源于其潜心所做的教学研究。苏霍姆林斯基说："如果你想让专业教师的劳动能够给教师带来乐趣，使天天上课不至于变成一种单调、乏味的义务，那你就应当引导每一位教师走上从事研究这条幸福的道路上来。"具体来说，作为幼儿教师，其自我价值的实现感、幸福感应该在具体的教育教学实践中产生，应该在与所带班级孩子互动的共同发展中升华。除此之外，别无他途。这些都需要永不衰竭的职业热情来带动。所以，教师的角色不能被定位为"技术操作员"，教师的工作不能远离情感与关爱。换言之，育人的工作需要理想精神与真诚情感的投入。

奥尔德弗在马斯洛的需要层次理论基础上，提出了 ERG 理论，E、R、G 分别代表人的三种核心需要：生存、相互关系、成长。他认为，人在高层次需要得不到满足时，会转入低层次需要，而不会停留于原来的层次。这提醒我们要重视满足高层次的需要。所以，园长应当引导幼儿教师们重视高层次的需要！幼儿教师对工作应该少一些功利色彩，多一些个人满足感。换言之，教师应多一些投入意识，应成为热情焕发、朝气蓬勃的"非理性的人"。最后，借用海德格尔的诗句，或许能描绘出幼儿教师的理想状态——"尽管充满功业，但人却诗意地栖居在这个大地上"。

（作者单位：安徽省合肥幼儿师范学校）

5 关注每一个孩子

顾 晶

《幼儿园教育指导纲要（试行）》的总则中指出："幼儿园教育应重视幼儿的个别差异，为每一个幼儿提供发挥潜能，并在已有水平上得到进一步发展的机会和条件。"在幼儿园里，孩子的个别差异是非常显著的，有聪明、灵巧的孩子，有调皮、胆大的孩子，有胆怯、退缩的孩子，更有许多平常很容易被忽视的孩子。这些容易被忽视的孩子有着共同的特点：不闯祸，不哭闹，安安静静，发展不快也不慢，有时老师都说他们在幼儿园时"和没在一样"。

关注好的，关注差的，更要关注不声不响的孩子。这个最容易被忽视的群体，恰恰是最需要给予关注和机会的。那我们应该从何处着手呢？

我们班的婷婷是一个各方面能力都比较强的孩子，在平时的学习、生活上都不需要老师过多操心，老师对她是很放心的。但这个孩子不是很喜欢和我交流，在我的心中，她就被定位为一个"乖巧"的孩子。

每个月，我们都通过家园联系栏和家长进行交流，把孩子在园和在家的情况进行比较，希望通过双方的努力和合作来共同促进孩子健康、和谐地发展。这一次，婷婷爸爸写的话引发了我深刻的反省。家长这样写道："不知道是不是因为孩子前一段时间身体不好没有上学，孩子这段时间上幼儿园前总是会哭闹一阵子，麻烦老师鼓励鼓励孩子，不能使孩子养成懒惰的习惯！"看了家长的话，我首先意识到，这不是孩子的问题而是我自己的问题：作为一个年轻教师，班级的常规经常让我很为难，我把注意力在不知不觉中放在了一些调皮孩子的身上。为了使这些孩子能遵守规则，我经常鼓励他们要做到最好，在发现他们进步的时候，我都及时对其进行了表扬。是不是像婷婷这样乖巧的孩子在不经意间就被我忽视了呢？

家长的话提醒了我。经过反思，我及时纠正了自己的失误，在平时的活动中把自己的注意力分给每一个孩子。接下来的几天，我特别观察了婷婷，在她做得好的时候我不忘及时表扬她，并请她来当小老师，请她和老师一起做游戏。我看到，在我提要求的时候她做得更好了，而且经常能在她的脸上看到快乐的笑容。在一次游戏之后，我走到她的身边问："今天你开心吗？"她腼腆地笑了！

每一个幼儿教师都明白，我们要尊重每一个孩子的个性特点，要促进每一个孩子各方面能力的发展，可我们又总会因为各种各样的原因在不经意间忽视了个别幼儿情感的微妙变化。虽然说孩子小，他们对很多事情都还没有形成明确的认知，但他们对快乐的体验是清晰的，对快乐的要求是无限的。由于个体的差异，并不是每一个孩子都能达到老师制定的学习目标，但是幼儿身心发展的特点决定了他们对快乐的体验是敏感、清晰的。

所以，我清楚地意识到关注每个孩子的重要性，并积累了一些如何关注他们的小小心得：

要完成对每个孩子的再认识。由于我从未带过小班年龄段的孩子，因此对孩子表现出的特征很难准确地把握，有时常常会"看走眼"，小看了孩子的能力。但后来通过几个月的观察、积累和反省，我对每个孩子的情况都做到了心中有数，并从他们的表现中归纳出了小班孩子发展的两个特点：第一，行为的稳定性差。由于小班幼儿年龄小，行为易受情绪等诸多因素的影响，有时对于同一事件先后两次的表现也会截然不同。第二，发展的潜力相对较大。每个孩子都有自己的长处，而且随着他们不断地成长，会在某些方面渐渐显出自己的优势，甚至后来居上。基于这两个特点，教师更需要对幼儿的表现进行细致、持续的观察，以求做到公正、全面和客观。

要分享每个孩子的成长过程。闲暇时与家长一起翻阅孩子的照片，孩子的成长故事历历在目。对照孩子的今天，我们常感慨："孩子长得好快呀，进步真大呀!"难怪有许多家长会发自内心地说:"老师，谢谢，你们辛苦了。"应该说，我们有所得，我们最大的收获就是和孩子一起成长，和家长共同分享着孩子的成长。

要尝试多种方法，全面地关注幼儿。我们既要关注幼儿在各学习领域中知识技能的获得，也要关注幼儿的学习兴趣、情感体验、沟通能力的发展;既要了解某个幼儿一段时间内身体、交往、语言等方面的发展情况，某个幼儿的兴趣、个性特点、学习方式和发展优势等，也要了解全体幼儿在某一领域或某个具体活动中的发展情况，力求将一个个孩子立体、生动地呈现出来。

作为幼儿园教师，我们应该重视孩子的情感需要，给予孩子帮助，让他们发展，这才是我们关注他们的目的。"鼓励"就像一只拉着孩子向前跑的手，而"关注"更像一架送孩子登高的梯子，只有让每个孩子积极地攀登，才能让他们不断地进步，才能让他们胜任未来社会的挑战。

(作者单位:上海市金山区阳光城幼儿园)

6 爱可以这样简单

缪 惠

从事幼儿教育工作的老师们，有时会觉得自己就像个魔术师，面对不同的孩子，可以使用不同的教育方式来表达自己对孩子的那份爱。但在我们的工作中常常不乏来自同事的抱怨："现在的孩子真是不知道如何去教育了，没法再像爱过去的孩子那样去爱他们，真累！"确实，老师们一天下来，有时用"身心疲惫"来形容一点儿不为过，但爱孩子就真的那么难吗？答案是否定的。爱，也许只是一个简单的拥抱、一个甜美的微笑、一声轻轻的问候……也许还可以更简单！

爱要从尊重幼儿起步

我知道这样一个案例：扬扬是一个很有个性但平时很少主动与老师说话的小男孩。某一天上课时，扬扬与邻座的小女孩一直讲话，老师提醒了几次，也无济于事。于是，老师把扬扬叫起来，当着所有小朋友的面指责了一番。之后，老师觉得还气不过，就吓唬扬扬说老师不再爱他，还要他离开自己的班到别的班去。此时的扬扬满脸通红，小手握得紧紧的，趁老师转身时，拔腿就往教室外跑去。后来，老师在与孩子沟通时，孩子口口声声说："老师不好，老师不爱我。"细想，老师真的不爱这个孩子吗？平心而论，不是。原因在于这位老师忽略了爱要从尊重幼儿起步。儿童有着和成人一样丰富的情感世界，他们是一个个独立而健全的个体，他们应得到尊重。在工作中遇到此类事情，教师应尊重幼儿不同的想法和行为，用自己的言行给予每个幼儿平等和真诚的关爱，这样会给幼儿甚至教师自身带来更多意外的惊喜和收获。

爱要接纳孩子的一切

关系教育学的倡导者霍克斯认为："教师与幼儿之间的关系是真诚的情感互动。"这要求教师要接纳幼儿的一切，包括接纳他们的年龄特征、个性特征，接纳他们的不同见解，甚至是他们的失误或错误。虽然每位老师都能认识到孩子间的种种差异，但却往往在不经意间因为统一性要求而将差异消解了。常常听到老师们这样的话："我喜欢听话的孩子，那些不听话的孩子有时还跟你对着干呢。""我喜欢吃饭好的孩子，让人省心。""我喜欢午睡好的孩子，本来中午就很累了，看到那些难入睡的孩子，真的心烦。"其实，言谈中赞赏的这些孩子都是老师心目中的好孩子，老师也会不自觉地给予他们更多的肯定、鼓励和表扬，而那些没有贴上"好孩子"标签的则恰恰会得到另一种待遇。你可以问问班上的孩子："你觉得老师爱你吗？"如果每一个孩子都能很自信地回答"是"，就说明你已经能接纳每位孩子的差异，你的爱已经被孩子们深深地感受到了。又如，当你在给孩子们上手工课时，发现一位小朋友将胶水涂在了画面的正面而无法将青蛙粘上时，你会怎么做？也许此时你会提醒或指导他，或直接帮助他。但是，老师们，此时你直接的参与，只是让孩子获得了一种技能，他失去了什么呢？独立性、求知欲、兴趣、自主探索的欲望、获得成功的喜悦等等。这些品质对孩子来说恰恰是最珍贵的。所以，我们不妨接纳孩子的这种错误，用爱关注孩子，放开我们的手，让孩子自主地探索。也许他不会成功，但他却享受了制作过程中由探索带来的快乐。

爱要学会"索取"

既然我们每天都在为孩子们付出爱，何不向他们"索取"一些爱，教他们学会感恩呢？每天孩子们午睡起床后，你辛辛苦苦为十多个女孩子扎完辫子，但她们却只是头一甩、胸一挺，大步流星地回到自己的座位上；

你每天都将孩子们的几十个茶杯一一洗净后放到消毒柜里，而他们却在一边大嚷大叫地玩着益智拼图；每天……你为孩子们付出了很多的爱，但是他们却感受不到。老师们，为什么不告诉孩子们——你也需要他们的爱，那叫"感恩"。当你为他们整理好衣服时，你需要一声"谢谢"；当你为他们忙碌了一天时，你需要一声"老师您辛苦了"。

老师们，敞开你的心扉，去接纳孩子的一切，并教会他们如何感恩。在爱的良性循环下，你就会爱得很轻松、爱得很自由、爱得很简单！

（作者单位：江苏省扬州大学第二幼儿园）

7 少一些指责，多一份关爱

陶小玲

"带班时，你的心情好吗？……你怎样面对个性特别的孩子？"在语言组的教研会上，主持人一连串的问题打开了教师们的心扉。方老师是一位刚借调来的老师，在她的班里有一个很特别的男孩，他每天习惯待在一个角落里。活动时，他总游离于集体之外；进餐时，他将饭菜倒在桌上或是撒在伙伴们的头上、身上；午睡时，他肆无忌惮地喊叫，不愿安静地入睡；他从不与同伴交往，倒是时常恶狠狠地攻击同伴，然后哈哈大笑。

抱着希望孩子能归队的心情，方老师堵上了孩子喜欢待的那个角落。于是，孩子又钻到了钢琴下面，重新开辟了一个安全的港湾。方老师耐心地观察着、倾听着、承受着孩子宣泄不良情绪，牵着他的小手不离不弃。孩子睡觉时，方老师抚摸他的身体轻轻呵护，让他渐渐地安静下来，进入甜甜的梦乡；当他醒来后，老师敞开胸怀与他紧紧相拥。拥抱时，老师哭了，孩子笑了！

慢慢地，方老师发现孩子终于回到了同伴中间，他还紧紧依偎在老师的身边，变得温顺了很多。更令人兴奋的是：孩子看到保育老师忙碌的样子，会急忙端去一把椅子，很客气地请老师坐下，老师感动得直说"好"。方老师讲述着，情不自禁地又一次热泪盈眶。她说她用爱温暖了孩子，满足了孩子，唤醒了孩子。虽然，孩子的情绪和行为有时还反复无常，但孩子给了她足够的信心，让她看到了孩子心灵康复的希望。在一片热烈的掌声中，方老师结束了自己的教育故事。

在每个班集体中几乎都有特殊儿童，有的野性十足，桀骜不驯；有的天天哭闹，与家长难舍难分；有的沉默寡言，四处游荡……这些孩子常常使教师苦不堪言。教师往往将"问题"全部归罪于孩子和家长，简单地给孩子贴上"好"或"坏"的标签。面对孩子的问题，我们需要细细探寻从而诊断问题产生的根源。从案例中不难发现：孩子从家庭走向幼儿园，这是他们第一次脱离父母的怀抱，焦虑不安的情绪一直困扰着适应能力较差的孩子，而中途更换教师等因素更会使孩子又一次体验到分离的痛苦、恐惧和不安。

当孩子感到悲伤、惊恐、害羞、孤独或是不被欣赏时，不安的情绪会使他们的行为"出轨"，使他们不再对人抱有信任、合作、热情的态度。虽然受伤害的感受会导致孩子的行为变得可恶甚至可怕，但这类行为也表明孩子正在寻求帮助。长年致力于家庭教育心理咨询的帕蒂·惠芙乐认为，孩子的"非正常"表现在孩子成长过程中起着特殊的作用，如果处理得好，会有利于孩子形成健全的人格和健康的心理。她认为，孩子的每一个"非正常"表现的背后都有一个正当的理由，他们是在宣泄精神或身体上的创伤所引起的负面情绪，是在呼唤成人的关注以帮助他们更好地宣泄，从而获得最终的康复。

在幼儿园一日生活管理过程中，当孩子哭泣、不合作、发脾气、不讲道理时，教师就会感到困惑、沮丧、气恼、烦躁和失望，感到教育的苦楚，似乎无计可施了；自己也变得情绪恶劣，大发雷霆，常常简单、粗暴地对待孩子。其实，这样只能使孩子变得更加恐惧不安，即便是孩子的不正常一时被制止了，孩子的心理问题也会隐藏得更深、更持久。因此，教育者需要用理智与冷静管理自己的情绪，更多地去理解、宽容与等待孩子，用爱心和耐心坚持倾听孩子的心声。当孩子哭泣时，教师应当允许孩子尽情发泄，在孩子发泄的过程中要抚慰，但不说教、不制止。要通过关注孩子的发泄、倾听孩子的需要，进而协助孩子恢复正常。当然，倾听绝不意味着纵容孩子，倾听是为了帮助孩子摆脱负面情绪，使他们恢复正常的思维能力，从而有足够的注意力来理解和接受成人的正确意见和建议。同时，倾听也是一种从精神和情感上关怀孩子的重要方式。当孩子感受到你的爱心和明确的规则时，他的性情就会开朗起来，变得自信而合作。当孩子出现伤害他人与自己的过激行为时，教师应当立即制止，但不要虚张声势或厉声谴责。人人都期望得到爱和尊重，教师即使惩罚孩子，也必须以尊重每一个孩子的心灵与精神世界为准则。不妨听听陶行知的话："我们最注重师生接近，人格要相互感化，习惯要互相锻炼。"

教师不妨少一份指责，多一些扪心自问："爱孩子，我真的准备好了吗？做到'用儿童的眼睛去观察，用儿童的耳朵去倾听，用儿童的兴趣去探索，用儿童的大脑去思考，用儿童的情感去热爱'了吗？将理解与尊重、宽容与妥协融入到一日生活的细节中了吗？"

当你用心灵去感应"孩子，你喜欢我吗？"时，你会发现，只有尊重个体差异，激励孩子成为他们最好的自己，才能引起师生美好情感的共振，从而获得孩子的理解、信任与依恋。只有赢得孩子的心灵，才能更好地赢得孩子的支持与合作。教育是心灵的艺术，力求"润物细无声"的教育境界，而实现师生之间灵魂的对话，便是最好的教育激励。

（作者单位：安徽师范大学附属幼儿园）

8 设计符合职业特征的仪表

沈佳萍

幼儿教师的仪表形象包括教师的着装、个人卫生、发型等方面。幼儿教师的仪表展示其实是培养幼儿审美能力和良好习惯的重要手段，是传达审美信息的重要渠道，关系着孩子身心的健康发展。所以，幼儿教师的仪表首先应当符合教师这一职业特征，其实，也要考虑到幼儿的年龄特征。

那么，幼儿教师在设计自己的仪表时要注意什么呢？

服饰色彩应明快、亮丽

许多幼儿老师喜欢穿职业装，而现代的职业装大多以黑、灰、咖啡色为主。大量实验证明，幼儿对以上这些凝重的色彩并不喜欢，而对粉红、柠檬黄、天蓝、湖蓝、橘黄等明快、亮丽的色彩特别感兴趣。这些色彩更能显示出教师的青春和活力，还能给幼儿带来乐观愉悦的心情。如，在小班亲子周活动的第二周时，有一位小朋友不愿意上幼儿园，妈妈问了半天，他才慢吞吞地说："老师为什么每天都穿着黑裙子啊？"显然，庄重的黑色带给孩子的是一种压抑感。

着装应体现职业形象美

随着社会的发展和人们审美观念的变化，幼儿教师的仪表也发生了变化：有的老师在幼儿园里套着超短的迷你裙，穿着低领的露胸装等。这些老师常常这样认为："社会上都流行这样穿，我为什么不能穿？我也要让自己变得漂亮一些！"在观看早操活动和公开教学活动中，我们经常可以看到带班老师因穿着低腰裤、吊带衫，结果在活动中露出内衣，十分不雅。这种不分情境、不分场合地追赶"时尚"，显然不能体现教师的职业形象美。追求服饰的美是所有女性的心愿，但幼儿教师的着装还兼有潜移默化的育人效应，其着装应体现幼儿教师特有的职业形象美，应是活泼、优雅、整洁的，切忌穿奇装异服。

着装应便于开展户外活动

孩子天性好动，幼儿教师在每个半日活动中都要组织户外活动，因此，着装必须便于开展户外活动。有的老师裹着窄裙，踏着细细的高跟鞋，在早操和户外活动中束手束脚，放不开，不能很好地进行动作分解展示。况且在幼儿的活动中经常会有一些意想不到的事情发生，如，看到孩子的危险动作时，教师需要眼疾手快地在第一时间作出反应。服装上的不便，会让教师反应滞后，因而幼儿教师在岗位上应穿休闲运动装和平跟鞋。

尽量少戴佩饰

幼儿爱模仿，注意力容易分散，教师应尽可能不佩戴首饰，特别是粗项链、手镯、手链、耳环等。衣服、鞋子上的装饰也不要太繁琐。很多戒指、手链等佩饰上常常带有一些坚韧的棱角，幼儿的皮肤非常娇嫩，稍不留神就容易划伤。有一次，在一个班上发现很多女孩都用包装袋上的亮纸紧紧地裹在自己的手指上，开始我还有点儿疑惑，后来看到带班老师手上正带着一枚闪闪发光的戒指时，我恍然大悟。在一次公开教学活动中，小朋友们正在专心致志地做手工。忽然，一位老师靴子上的一粒纽扣滚落下来，滚到了一位小朋友的桌子下。"啊，这是什么？"孩子们你一言我一语地议论起来。因此，幼儿教师应尽量少戴佩饰，选择装饰简单、大方的衣服和鞋子。

适当化淡妆

爱美之心，人皆有之。孩子对于美有天生的向往，对于美的东西也觉得赏心悦目。适当的淡妆，可以使人看上去清新、淡雅、神采奕奕、富有活力，因此，应该允许教师适当化淡妆。但幼儿教师的化妆要掌握尺度，面部修饰不可过多。浓妆艳抹、夸张的打扮不仅会分散孩子的注意力，还会给幼儿家长留下不良印象。同时，教师的发型也应自然、大方，要避免夸张的染发，以防给孩子造成错误的审美引导。如，有些老师喜欢留着长长的披肩发，在蹲下来指导孩子时，头发会时时触碰到孩子的脸，这不仅会分散孩子的注意力，而且也不卫生。加之孩子爱模仿，不需要几天，班上可能就会有许多女孩留着披肩发来幼儿园了。

幼儿教师的仪表，对幼儿是无声的教育，时刻起着潜移默化的作用。活泼、亮丽的服饰、适当的淡妆，不仅可以使孩子们心情愉悦，也有利于培养孩子的审美情操。

（作者单位：安徽省合肥幼师实验幼儿园）

9 我的情绪我做主

王敬云

一个人快乐的情绪可能会感染一大批人，而低沉、颓废的情绪也可能会使一群人情绪低落和感到沮丧。

生活中，喜怒哀乐经常让我们控制不住自己，这是很正常的事情。然而，在工作中，我们却不能如此。即使我们在家、在外生了很大的气，带到幼儿园的也应该只有微笑。可事实如何呢？我们又该怎么应对呢？

镜头一

上班时，遇到同事小夏，她的脸拉得很长，嘴角下拉着，嘟着嘴，一副无精打采的样子，脸上写满了委屈。小朋友在她身边走来走去，拽拽她的衣角，牵牵她的袖子，她厌烦地抽出手来。孩子们像一群惊雁，带着一脸疑问，飞走了。她找了个地方坐下，一声不响……她好像是身体不舒服。

镜头二

一位二十七八岁的女教师，头发蓬乱，满脸泪痕，匆匆走来，眼神有些呆滞。旁边一位老师喊了她一声，她连头也没回。接下去的时间，该她和孩子们在一起了。这不，她对着正在"打架"的两个男孩子，大声喊着："疯什么？还不快回到座位上去！"接着，她猛拍了一下桌子。或许就在刚才，她和老公在家里吵架了，甚至大打出手……

生活有时是无奈的，我们必须面对。即使你哭丧着脸，即使你把所有的悲愤都写在脸上，即使你把所有的不满都表现出来，又能怎么样呢？

身体不舒服，你可以尽早治疗，吃药打针都可以。平时应注意多锻炼身体，以增强身体的抵抗能力，并适时提醒自己，要坚强，要鼓起生活的勇气。当你这样对待自己时，也许身体真的就会硬朗起来，精神也会为之一振。我有过这样的体会："当身体不舒服时，如果暗示自己'难受啊，难受啊'，闭上眼，缩起头，你立刻就会无精打采，甚至想瘫软在那里；如果你给自己另一种要求——不要趴下，要坚强一些，要振奋起精神！那么，你就会睁开眼睛，重新打量这多彩的世界。"

换一种心情吧。当你左右不了别人时，你就改变自己。吵架了？不怕！时间是最好的治疗手段。夫妻之间不要有隔夜话，当天的误会当天解除，不一定要浪漫，但一定要温馨。你可以把不满对他发泄，也可以把道理讲清楚后，随他去。关键是，你得调整好自己的情绪，迎接你的工作和幼儿园里的孩子。他们与你无仇，怎能把你的不快强加于他人呢？当你面对一群小鸟般的孩子时，你不会被他们感动吗？知冷知热的问候、温暖的拥抱、甜甜的亲吻、不经意的"气"你一顿，这些都不能打动你吗？

我们的情绪，时时伴随在我们左右，所以要让它发挥最大效能。有一种人，虽然平凡，却能把握自己，收获属于自己的幸福。在工作中，你看不到他们的消极情绪，微笑常常出现在他们的脸上。难道他们就没有烦恼，没有悲伤吗？回答是否定的。人都有七情六欲，怎会没有烦恼？他们靠的是自己的努力、好的心态和很强的自我调节能力。

所以，我的情绪我做主。

（作者单位：山东省费县实验幼儿园）

10 要明白教学工作的艰难

汪 丽

和许多选择幼儿教师这个职业的人一样，我当初也以为这个职业充满了快乐，会是简单的和令人享受的。可如今，在这条路上磕磕碰碰地滚爬了20年后，我仍有"举步维艰"的感受。

"艰难"第一条：艰

"艰"即"艰苦"。

一是艰苦的时间付出。幼儿园教学工作面对的是孩子、家长等活生生的人，要让这些在认知、意识、价值观和行为习惯等方面完全不同的人通过你的教学工作而有所得，就需要你投入大量的时间和精力。当然，如果你想有所建树的话，这种投入更是无限的。我清楚地记得工作的头几年，我妈妈特意为我装了盏夜灯，因为晚归已成了我的习惯。有好几次，当我在夜深人静的时候踏入房内，我哥哥总会睡眼惺忪地说："'国务院'下班啦！"现如今，这样的事不太会发生了，但留下来做案头工作，布置环境，进行搭班之间的工作协调和沟通，将教学工作带回家做，还是不稀奇的。

二是艰苦的体力付出。为了达到完美的教学效果，老师还要常常集"装修工"、"搬运工"、"钟点工"、"裁缝"、"画匠"等角色于一身，大汗淋漓地把教室的环境和教学材料装点到位，使之"常换常新"，以捕获孩子们的心。这是"只可意会，不可言传"的工作。人们往往在看到这些变化的时候无法想象出你所为之付出的心血，而你也无法准确地用语言来描述这其中的艰苦。

如果这些还不算艰苦的话，那挨家挨户的家访工作可真算是"艰苦卓绝"的。家访的工作是一定要做的，而且是一定要在"下了班后"做的。这当中的舟车劳顿自不必说，与家长的交流更是挑战。许多家长难得能面对老师一次，总是想多与老师沟通，一谈再谈，欲罢不能。而你往往回了家累得话也说不动，饭也吃不下。

"艰难"第二条：难

"难"即"困难"。

一是难专业。一次偶然的机会，我看了一位幼儿教师写的文章，其中有句话让我印象深刻。她说："幼儿园老师干的是保姆的工作，做的是研究生的事。"此话虽夸张，但却准确地将幼儿老师教学工作的艰难形象地描述了出来。保姆的活是艰苦的、累的，研究生的活是困难的。

幼儿园教学工作的"难"，难在"专业"，难在"技术含量高"。首先，它需要端正的专业态度。这可不是闹着玩的，你得接受所有可爱、调皮、顺从、难调教的孩子，你必须一视同仁。这话听起来容易，可做起来要经得住时间的打磨。我深深体会到——难！

其次，幼儿园教学工作需要无穷无尽的知识和兴趣。要有深厚的教育学、卫生学、心理学等方面的专业学识，要有较高超的教师语言、琴棋书画等方面的专业技能，还要有对花鸟鱼虫、科学常识以及时事政治等方面的广泛兴趣和通识，更需要有和各种人交往、沟通的勇气和技巧。现如今，教育改革势在必行，教育理论与实践的研究也越来越深入，这之中讲究的是"从实践型老师向研究型老师的转变"，那你就不可避免地需要不断学习、反思。面对教养成员越来越复杂的家长群，你得反应迅速而准确地运用各种知识，恰当地回应。对于这些，我的体会是——玄！

二是难做人。幼儿园教学的各项工作都有要求，对老师也有许多的规范。这就要求老师言行自律，有较高的道德素养，明辨事理，有着适宜的仪态和装扮。

在生活中，如果不从事教师这个专业，我们可以更放松。但如果从事教学工作，我们便别无选择。要从自觉做起，慢慢养成习惯，从而变得自律。这，实在是——高！

三是难坚守。前面说了那么多的"难"，其实最难的是——坚守。

幼儿园的教学工作常常被人轻视。长久以来，在人们的印象中，幼儿老师的专业"技术含量低"，而幼儿教师所受到的尊敬也不如其他的教师多。

要直面以上的各种"艰难"，又要以不变的积极的精神面貌出现在孩子、家长、同事和领导面前，这需要何等的勇气来坚守啊！

看了以上文字，是不是被教学工作的"艰难"吓倒了？千万别！知己知彼，百战不殆！把艰难写得详细点儿，看得明白些，我们应付起来就能更从容些。面临的挑战越大，我们成长得就会越快。其实，幼儿园的教学工作在这些"艰难"之中还是有许多乐趣的，其中有一样很可贵的东西，那就是你努力付出后得到的无价回馈：真情——孩子给你的灿烂微笑及家长对你的不舍。工作20年，艰难了20年，得到的真情却不止20年。你说，值不值？

常在许多陌生的场合，听到别人对我说："你是老师吧！"我为此而感到骄傲！

（作者单位：上海市实验幼儿园）

11 不要被态度消极的同事所影响

杨炜戎

小张是刚踏上工作岗位的新教师，园长安排她和一位非常有经验的老教师搭班。工作了一段时间后，小张发现园里有些老师并不那么敬业，总是得过且过。有的还会对她说："这么认真干吗？你是新教师，只有苦劳没有功劳的。"对于这样的话，小张总是一笑而过，依然跟着老教师从早到晚地埋头苦干。一年后，小张的业务水平提高得很快，在园里举办的"青年教师大练兵"中脱颖而出。

情绪是指人对客观事物的态度、体验及相应的行为反应，有积极的情绪和消极的情绪之分。在工作中，你既会遇到以积极的情绪面对工作的同事，也会遇到以消极的情绪面对工作的同事。积极的情绪是人们身心健康发展的一种内驱力，它促使人积极向上，是任何药物和饮食都无法代替的，有利于学习和工作效率的提高；消极的情绪则会降低智力水平，引起行动的迟钝和精神的疲惫，导致人的进取心丧失，严重时还会使自我控制力和判断力下降，导致意识范围变窄，从而影响正常的行为能力。态度积极的人在处理外界信息时表现得更有效、更准确，工作中的表现会比较突出，容易获得成功；态度消极的人往往对任何新理念都横加批判，牢骚满腹，最终只能一事无成。

诚然，我们很难改变身边的同事，但可以尝试有步骤地避开态度消极的同事对我们的影响，坚持每天都以愉快的心情去工作，将快乐工作的钥匙掌握在自己的手里！

关注美好的事物，保持乐观的心态

工作态度的选择取决于我们自己，把关注的焦点放在工作的不同方面，常常会让人产生不同的情绪，得出不同的结果：把注意力放在积极的方面，可以使人产生乐观的情绪；反之，则会使人产生悲观的情绪。

当情绪处于低潮时，不妨有意识地转移注意的焦点，把注意力转移到让自己感兴趣的活动和话题上去。可以多回忆令自己感到幸福、愉快的事，以此来冲淡或忘却烦恼，缓解消极的心理情绪，让自己走出阴霾。

我们都有爬山的经验，当你不知还有多少路程才能登上山顶时，常会询问路人："离山顶还远吗？"通常他们会给你两个答案——"快到了"或"早着呢"，前者的暗示也许使你一鼓作气，坚持爬上山顶，欣赏到更美的风景；后者的回答可能让你顿时失去继续攀登的勇气，与成功失之交臂。你的注意力应聚焦于何处？答案只有一个：摒弃负面影响，相信自己，继续努力，取得成功。

工作中未必能自己挑选合作的伙伴，不管自身的情绪多么积极，总会潜移默化地受到态度消极的同事的影响。那么，要尽可能地避免同事间带有负面情绪的谈话，不去传播流言飞语、发牢骚、抱怨等，不让这些事情成为自己注意的焦点。这样可以降低消极情绪的传染性，从而使你保持乐观的心态，快乐地工作。

转换思维方式，学会自我激励

在与态度消极的同事共事时，会听到很多负面语言，如"这事吃力不讨好，还是不要做"、"又在逞强了"等等。特别是当自己在工作中遇到挫折时，这些负面语言会更让你觉得刺耳。遇到这样的情况时，我们不妨转换一下思维方式，用自我激励的方法把不利的困境变成有利的机遇。应发掘、调动思想中的积极因素，抵制和克服消极因素，并将痛苦、烦恼和忧愁等消极因素升华为积极、有益的行动。

可以尝试这样的语言进行自我激励:"我的心情很好"、"我已经准备好了"、"再做一次,我就会成功"等等。要用积极的态度来应对消极的态度,从而战胜自我,最终到达成功的彼岸。

"失败是成功之母。"这是大家都熟知的一句名言,但是如果在失败后听信负面语言,一味地消沉下去,不采取自我激励的方法来振作精神,那么失败只能永远是"失败",而不会成为"成功之母"。恰当地运用自我激励,可以给人以精神动力。当一个人面对困难或身处逆境时,自我激励能使你从困难或逆境造成的不良情绪中振作起来。通过向自己不断暗示一些具有积极意义的话语以代替我们头脑中已有的消极想法,可以使我们充分感受到自己具有无穷的潜能和力量,可以让我们更加自信和乐观地面对工作。

做自己喜欢的事,以积极的情绪感染他人

对于现在的工作,你也许喜欢,也许不喜欢,但只要你保持积极的态度和乐观的心态,就能从每天的工作中寻找到乐趣,挖掘出自己喜欢做的事情。

要做到这些,就要先善待自己:健康的饮食、适度的锻炼、充足的睡眠,这些可以使自己精力充沛地面对挑战。再者,要充分认识自己,审视自己的技能、兴趣,以便自信地投入工作。最后,还要将自己的好心情传递给周围的同事,让整个团队的工作效率更高。

成功来自自信。如果你希望成功,希望实现自己的人生目标,那么不论在什么时候,你都应当完全相信自己,不要被态度消极的同事所影响。

(作者单位:中国福利会托儿所)

12 男教师要学会坚守

徐帮强

　　大学毕业那年的七月，我怀着极大的理想，顶着来自父母的反对、朋友的质疑、同学的劝阻……义无反顾地来到了幼儿园。从此，我就成了一名幼儿教师，成了幼儿园的一名男教师，成了幼儿园里一道独特的风景线。园长想方设法地给予我关心，同事们向我伸出了援助之手，家长们对我投以了无限的关注，当地新闻报社也将此事给予了头条报道……我知道，大家是关心我的，他们对我寄予了极高的期望。

　　刚开始，虽然对教育教学工作有许多不明白的地方：不知如何备好课，不知如何组织好一节活动，不知如何与孩子交往，不知如何向女教师学习……然而，我有一颗爱孩子的心。我仔细地聆听孩子们的心声，耐心地与他们交往，细心地照顾他们的生活起居。那时的我，整天忙忙碌碌，跟着孩子们尽情地疯，尽情地玩儿，不少孩子有时都情不自禁地叫我"爸爸"。我觉得自己过得很充实，很有价值。

　　然而，没有过多久，我就陷入了困惑之中。虽然白天与孩子们在一起玩耍，过得很充实，但是一到晚上，我就感到非常孤独。下班后，喧闹了一天的幼儿园终于安静了下来，偌大的幼儿园就我一个人住着。四周没有一点儿声音，没有一个可以讲话的人。于是，我开始动摇了：难道这就是我的理想，这就是我的抱负吗？

　　幸运的是，第二年的九月，我们单位又新招了三名男教师。白天，大家都忙着上课，忙着交流教育教学心得；晚上，大伙儿一起反思一天的活动，一起讨论一天的收获，一起谈理想，过得既紧张又充实，不亦乐乎。

我的理想又一次地燃烧起来，我相信和这一帮兄弟共同努力，我的理想肯定能实现。

然而，好景不长。第三年，来幼儿园工作仅一年的教舞蹈的男老师由于不甘于幼儿园简单的音乐教育活动，不愿意参加幼儿园系统每年一次的激烈的舞蹈比赛，不愿意被同龄人看不起，终于弃园而去。紧接着离开的是体育老师，他的教学非常有特色，也深受孩子们的喜欢，但是由于他新交的女朋友不喜欢自己的男朋友是幼儿园教师，尽管他自己很喜欢孩子，但他还是选择了离开。最后只剩下美术老师和我，我俩互相勉励，甚至嘲笑那两位男老师不够意思，不能坚持。但是，两年后，他也觉得幼儿美术教育缺乏激情，加之工资待遇太低，于是悄然离去。就这样，幼儿园又恢复了昔日的安宁，仅剩下我一个真正带班的男教师。

我再一次陷入了无限的困惑之中。难道男幼儿教师总是昙花一现？前面的几位同行，由于都属于科任教师，都有自己的一技之长，他们离开幼儿园后就轻易地找到了别的工作。而我，一位幼儿教育专业毕业的老师，出去后行不行，这个我不知道。此时，也有朋友劝我快点儿离开，开玩笑说："要不然就要变性了。"女朋友也给了我极大的压力，说："再不离开幼儿园，我俩的恋爱关系可就很难讲了……"想着一个又一个的男教师离开了幼儿园，想着这些好似无法解决的困惑，我的心情越来越沉重，我觉得自己也可能会在某个时候离开幼儿园。

接下来，有一天的教育活动却改变了我的想法。那天早上，我像往常一样带着小朋友们到户外活动。我当天安排的活动是垫上运动——鱼跃前滚翻，这个动作是一般女教师不会教而小朋友又非常喜欢的。我拿出软垫，让小朋友们一个接一个地翻。由于以前教小朋友们学习过这个动作，不少小朋友都可以轻易地翻过去。可总是有几个小朋友翻不过去，就算别的小朋友教了他们，他们也还是翻不过去。此时，这几个小朋友呆呆地站在我身边，眼巴巴地望着我。当看到他们无助的眼神时，我的心为之一颤：我这是在干什么？我这是为了什么？面对孩子们的眼神，我竟如此冷淡与无情。于是，我鼓励自己打起精神来，帮助孩子们一个接一个地翻：我轻轻地用手托起他们的腹部和后脑勺，结果大多数孩子就轻易地翻过去了。不一会儿，这几个小朋友也相继能翻过去了。孩子们高兴地跑到我的面前，开心地喊道："徐老师，我可以了，我能翻过去了！"他们在我面前蹦蹦跳跳地玩着，翻着，我也受到了感染，跟着乐了起来。

虽然我们单位的男教师一个又一个地离开了幼儿园，可我当初为什么要选择幼儿教育呢？不就是因为我喜欢孩子，不就是因为我的理想在孩子身上吗？难道因为别人的离去，我就放弃自己的梦想吗？看看孩子们吧，他们需要我的帮助，我的抱负就在这群孩子身上。有了这些，我还需要什么，还有什么不知足的？渐渐地，我知道了，我是喜欢这些孩子的，孩子们也是喜欢我的，我离不开他们，他们也同样需要我。为了孩子们的快乐，我愿意留下。

几年后，由于工作成绩突出，我走上了幼儿园管理层，不在一线带班了，离孩子们也渐渐地远了一些，但我仍然在幼儿园工作，仍然是一名男幼儿教师。我会经常走到孩子们的身边，蹲下身来与他们快乐地聊上几句，仔细地观察他们的点滴进步，去体验他们的快乐，感受他们的成长。

如果有人问我，作为一名多年从事幼儿教育工作的男教师，我最大的感触是什么。我会毫不犹豫地告诉他："我愿意在幼儿园工作，因为我享受着快乐！是孩子，让我学会了坚守！"

（作者单位：广东省佛山市顺德第一幼儿园）

第二辑

让孩子爱我们

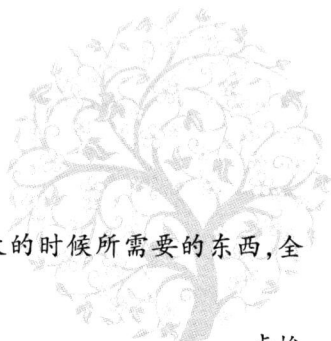

　　我们在出生的时候所没有的东西,我们在长大的时候所需要的东西,全都要由教育赐予我们。

——卢梭

1 让孩子爱我们

蒋海燕

随着社会的进步，人们越来越重视与孩子的沟通。我曾经看到这样一幕——一个教师蹲在一个孩子的身边，轻轻地讲："你这样做不对。"这个孩子突然大声说："你不爱我！"当时，我的心为之一颤。

其实，我们很多老师都知道去爱孩子，可为什么还会出现本文开头的那一幕？其原因是多方面的。首先，我们老师爱得太急了，急于让孩子接受老师的爱。孩子年龄太小，尚未成人，他们各个方面的发展不全面，难于一下子把爱转移到老师的身上来。老师应给予孩子一定的空间，让其慢慢地接受老师的情感。其次，我们老师爱的面太窄，只爱"好孩子"，只爱孩子"好的方面"，难于接受"不听话的孩子"及孩子发展"不完善的方面"。孩子接受教育就是一个社会化的过程，不同的孩子将来在社会中的作用是不一样的，我们不能用同一个标准去要求每一个孩子。即使同一个孩子，他各个方面的发展也不是同步的，我们老师要做的就是使其在各个方面都有所发展，而不是以各个方面都优秀的标准来要求他。再次，我们的教育目标太高，缺乏针对性。孩子的发展水平不一样，我们的教育目标也应该不一样。如果我们的教育目标缺乏针对性，就会造成目标与实际的脱节，难于让孩子接受，更难于让孩子爱上老师。最后，爱的教育环境的缺乏。古代孟母为什么会"三迁"？最主要的原因无非是想为孩子创设一个良好的教育环境。而我们现代的教育就缺乏这样的环境，我们想让孩子爱我们，可是我们自己并没有去爱别人，人与人之间缺乏团结友爱。孩子们即使学习到了爱的情感，也没有场所去实践。在这样的环境下，孩子怎么可能去爱别人？

教育的本质就是人与人的交往，而人与人之间交往最基本的原则就是平等互利。曾经有位教育家这样说过："教育孩子其实就是爱孩子的过程。"教育是一个互动的过程，老师爱孩子，孩子爱老师。孩子从老师的爱中学习到了知识、技能和情感，老师也从孩子的爱中获得了一些经验和情感。老师只有去爱孩子，才会博得孩子的爱，进而提高教育的效率。

怎样才能让孩子爱我们呢？我们可以从以下几个方面努力：

1. 制定切实可行的个性教育目标。针对每个孩子，我们教师应该从其实际发展情况和可能达到的最近发展区制定个性的教育目标，而不是笼统的教育目标。要使每个孩子都在其原有的水平上获得最大的发展，当然，这个最大发展必须以不给孩子造成任何心理压力为前提。

2. 创设良好的人文环境。环境在孩子的发展过程中具有重要的作用。孩子是社会中的人，他们时时刻刻都受到教师的影响。教师作为教育者必须身正为范，为他人树立良好的学习榜样，去爱自己周围的每一个人，团结、友爱，为孩子创设一个良好的爱的环境。

3. 要爱每一个孩子及孩子的每一个方面。我们的教师应明白，每一个孩子都是我们的教育对象，我们有义务去教育好他们，不管他是优秀的还是有缺陷的。另外，我们还应明白，每一个孩子的各个方面的发展水平可能不一致，我们不应只见其"优"不见其"劣"，而应敢于面对其发展较慢的方面，采取适当的方法使其获得较好的发展。

我们相信，只要付出，就一定会有收获。人与人之间的交往是相互的，爱更是相互的。我们平等地、友善地、真诚地爱孩子，孩子也一定会给予我们同样的爱。

（作者单位：广东省佛山市顺德北滘第二幼儿园）

2 让儿童面对真实的世界

蒋雅俊　刘晓东

《学前教育》编辑部曾经转来一封信，是幼儿园的一位王老师写的。信中说，班上的孩子发现幼儿园的鱼缸里竟然发生了大蝌蚪吃小蝌蚪的事情。小朋友发现后十分震惊，问老师这是怎么回事。这位老师更是震惊，她不知鱼缸里怎么会发生如此残酷的事情，更不知如何解除幼儿的困惑。

看完信后，我们就大蝌蚪吃小蝌蚪的现象咨询了身边的生物学家朋友。这位朋友说，玻璃缸中之所以发生这种现象，可能是因为玻璃缸环境狭小，或者因为缸中缺乏食物，从而导致了蝌蚪疯狂地互食。但是，在自然的生态环境中，尚没有蝌蚪互食的报告。我们在网上也检索到了解释"同类相食"现象的文章，有文章说"'同类相食'现象很可能是由于同类种群的拥挤或可捕食猎物的减少造成的"，这进一步印证了上面这位生物学家的解释。

面对班里一个个纯真、快乐的孩子，我们成人该如何告诉他们真相呢？其实，在告诉小孩子之前，我们成人自己应当正确认识这种现象。不过，既然谈到了大蝌蚪吃小蝌蚪这一残酷的现象，就让我们一起去看看更多的残酷的现象吧。

在生物界，确实存在"同类互食"的现象，但更常见的是同类个体间为了争抢地盘、食物、性伴等而激烈竞争，甚至打斗。就拿为了争抢性伴（即争夺繁殖的优先权）来说，同类的雄性个体往往激烈对抗，即便是最后的胜利者，也往往会遍体鳞伤——看起来是多么残忍！为什么就不能有话好好说呢？但是，这种对抗的结果，保证了那些最强健、最具有智慧的雄性获得了繁殖的优先权，这就大大提高了它所属的种群的生存能力。由此可见，正是环境导致的生存压力，迫使生物个体采取了如此残酷的行为。

如果认识到了生物界种种残酷的事实，那么王老师在面对玻璃缸中发生的大蝌蚪吃小蝌蚪的现象时，大概就不会受到那么大的震动了，也就不会认为外面的世界都像幼儿园小孩子所喜欢的童话般美好了。但我们也要认识到，人类不同于一般动物物种的是，人类可以有美好的理想。譬如，陶渊明就描绘过世外桃源，但它只是一个"乌托邦"，从来没有真正地存在过。但是，人类可以在意识水平上改造世界，人类可以自觉地反对"同类相食"，努力建设一个"交互利、兼相爱"的美好社会。从历史的进展来看，尽管人类社会或全局或局部的冲突不断，但是，人类对美好、和平的社会的追求和设计却从来没有停止过，甚至是越来越清晰可见。而弘扬人类的善，为建设一个友爱的社会提供储备人才，也是儿童教育的任务之一。

接下来，让我们谈谈这样的问题，即当儿童对残酷的、丑陋的、令成人尴尬的事件产生疑问的时候，我们是否要为儿童营造和展现一个"乌托邦"式的美好社会？成人要不要向儿童解释现实世界那残酷、丑陋的一面？

大家都知道，儿童生活的环境里既有美好的东西，也有残酷、阴暗，甚至丑陋的东西。也许有人会说，儿童的世界是诗意的、纯净的、未经污染的童话世界，既然如此，又何必让儿童清澈的眼睛看到残酷和丑陋呢？而相反的意见是，大自然和社会中残酷、丑恶的东西实实在在地存在于儿童生活的环境中，成人既然没有办法把儿童的世界与现实生活的环境完全隔离，为什么不能用儿童能够理解的方式告诉他们事实的真相，反而要为他们编织美丽的、善意的谎言呢？假如美丽的谎言还没有等到儿童长大就被识破了，假如儿童获得的新信息与父母、教师给他的答案是有出入的，甚至是相悖的，那么儿童会处于什么样的状态呢？他该相信谁？他该怎样看待周围的成人？他该怎样看待周围的世界？

其实，王老师的困惑似乎已经暗含着答案。我们应当让儿童生活在真实的社会中，尽管真实的社会是复杂的，但孩子终究要迈入一个复杂的社会——那里既有阳光，也有阴影；既有正义，也有邪恶；既有进步，也有落后……他有可能遇到形形色色的事情，他要同各种各样的人交往。如果将孩子关在自己塑造的"理想"环境里，那么孩子在长大成人进入社会后，他将发现社会绝不是他已认识和适应的社会。在复杂的现实社会环境中，由于缺乏锻炼与经验，他会面临比一般的孩子更多的迷茫、挫折与挑战。

　　当然，儿童天性中有很多美好的东西应该受到保护，但这并不意味着把儿童与现实的生活隔绝开来。儿童教育一方面要激发幼儿对真、善、美的向往，使其主动向美好的事物靠近；另一方面也要让幼儿知道有假、恶、丑的存在。成人首先要做的是向幼儿坦白承认一些丑恶现象的存在。因为儿童需要一个斑斓多姿的社会生态环境，那里有甜草莓，也有毒蘑菇；那里存在着善良，也隐藏着邪恶……我们要让孩子知道什么是甜草莓，什么是毒蘑菇；什么是有益的，什么是有害的；什么是对的、好的，什么是错的、坏的；什么是可以接受的，什么是必须拒绝的……只有让孩子生活在现实的社会环境中，我们才有可能让他们把这一切看得明明白白、真真切切。教育不仅应该告诉儿童这是好的或者那是坏的，而且要逐步让儿童有自己的主见、原则和立场，让儿童学会判断是非。

（作者单位：江苏省南京师范大学教育科学学院）

3 与孩子民主、平等地对话

李 兴 马兰芳

教育具有对话性，教学即对话，对话是一种创造活动。

——保罗·弗莱雷（巴西）

什么是师幼间平等的对话？先请看下面关于图形宝宝的交谈片段：

师：看看老师给小朋友们准备了什么？

幼：图形宝宝。

师：老师把图形宝宝放在哪里了？

幼：桌子上。

师：每个人都去拿一些你喜欢的图形宝宝。

……

师：你拿的图形是什么形状？

幼1：圆形。

师：什么颜色？

幼1：红色。

师：你拿了几个？

幼1：一个。

幼2：我拿的是正方形的，绿色的……

上述这种一问一答的交谈就不能算是对话，它只是一种单向的信息传递，由教师传递给幼儿。分析这段交谈，不难发现，教师是主体，掌握着交谈的发问权利，而幼儿只是客体，只是提问的对象，他们在交谈中没有自己的独立地位，没有自己的主体精神，仅仅是就教师的问题作出回答。信息传递和对话有着比较大的差异：信息传递是单向的，非对称的，表现为一方为主体，一方为客体，一方输出，一方输入，处于客体地位、接受信息的一方只是被动地接受主体所发出的信息，主客体之间的地位不平等；对话则不同，它表现为双方交谈的多向性、对称性和交互性，交谈的双方都是平等的主体，都具有能动的作用。教师不是权威的代言人，幼儿也不是被动的知识接受器。师幼对话的过程应该是一种双方共同在场、共同参与、共同介入的过程，它的实质是师幼双方"你我式"的平等参与。那么，如何在学前教育这个特殊的场景中构建民主、平等的师幼对话呢？

首先，教师应该持有人格平等的态度，鼓励幼儿提出问题和表达想法。人格平等是进行民主、平等的师幼对话的前提。但是，在现实的幼儿园教育教学中，由于年龄、知识和地位上的优势，教师作为文化知识的拥有者，常常不自觉地拥有优越感，不能和幼儿平等地对话。于是，幼儿园教育教学中的师幼对话常常异化为教师的独白，幼儿的话语权被剥夺。但是，师幼对话不同于教学中教师的独白。后者是知识的复制和重现，注重的是使知识传递给儿童的结果，它很有可能将课堂变成教师唱独角戏的舞台，将儿童变成张开口袋等待灌输知识的回收站。这样的独白自然是远离了对话的实质：尽管教师全部运用了提问的方式来引出答案，但答案早就在教师头脑中形成了，对话只是徒有形式。

其次，教师应该创设一个为幼儿所认可、接纳的氛围，营造开放的对话空间。"开放"即包含着包容性和未完成性。教师应该深入到师幼知识、情感、精神的广阔领域，以一种包容的姿态投入对话和交流，使教育过程呈现出一种自然的状态。开放的对话空间意味着一种灵活、开放、发展的教育教学运行机制，它能够使师幼交往呈现出一定的自由度和亲和度。亲和度是指师幼交往中的一种和谐、民主的状态，自由度则要求教师不要过早地肯定和否定幼儿，如果在话语结束前就已经完全设定话语的结局，就不会形成真正的对话。只有积极地营造和创设一个为幼儿所认可、接纳的开放的对话空间，师幼双方才能全身心地敞开心扉，接纳对方并相互激发，相互启迪，共享知识、智慧，产生新的思想火花，使教学活动不断生成新的契机。

再次，教师应该提供一个合作、探究的学习过程，构建为师幼双方都认可的契约和规范。动手实践、自主探索、合作交流，这是幼儿学习的重要方式。在教育活动中，教师要让幼儿在具体的操作活动中独立思考，鼓励幼儿发表自己的意见，并与同伴进行交流。教师应该在提出规范的基础上向幼儿提供适当的帮助和指导，选择有价值的问题和意见，引导幼儿展开讨论去寻找问题的答案。规范并不限制思想，相反，它有益于思想的条理性和清晰性。它对师幼双方都提出要求，有利于教师对幼儿进行方法的引导。另外，师幼双方应共同制定言语规则，如意见相同的不重复发言等。只有在平等的前提下，深入心灵的广阔领域，并由一定的规则予以组织的对话，才是摒弃教师控制对话的状态，最终走向民主、平等的对话。

现代教育理念下的师幼对话应该是一种真正富有对话精神的对话，它以语言为中介，注重从师幼双方各自的经验出发，激发对方积极生成新的体验，让相互独立的双方在相互碰撞中激起共识的火花，获取视界的融合，从而更好地展现各自的内心世界。这是一种真正平等的自由交谈，是一种扫除了正规性和严肃性之后的随意的、不拘一格的交谈，它破除了权威和不平等造成的封闭和沉闷，积极追求开放和自由。正是这样一种"我中有你，你中有我"的对话，能够帮助教师切实体会到幼儿作为独特的个体的需要、情感和态度，体会到幼儿作为发展中的主体的个性、自由、创造和选择，从而使其真正信任幼儿、尊重幼儿，将知识、情感、技能与幼儿的发展相关联，使幼儿的真、善、美达到和谐统一。

（作者单位：江苏省扬州教育学院教育系）

4 做个"懒"一点儿的老师

胡传朵

　　如今的爸爸妈妈、爷爷奶奶们是如此勤劳：孩子要自己穿衣，他们忙帮着穿，还说"别耽误时间，穿不好还给我添乱"，孩子连自己的胳膊、腿都不用往衣服里伸，自有大人帮忙；孩子要自己吃饭，他们忙过来喂，还说"宝宝你张大嘴吃就行了"，孩子连碗、勺都不要碰。就这样，是大人们的"勤"，剥夺了孩子许多锻炼的机会，造成了孩子的"懒"。我曾看过一篇小学生作文，题目叫"我有一个'懒'爸爸"，我觉得内容很值得大人们反思。文中列举了几件事以证明爸爸的"懒"。如，小作者跌倒了，爸爸不仅不过来扶她起来，还说："是你自己不小心的嘛，赶快爬起来吧！"当小作者遇到难题去向爸爸请教时，爸爸也不帮忙，只是说："你自己仔细看看，再想想。"结果，"懒"爸爸培养出了一个"勤"女儿、"能"女儿。女儿也最终明白了"懒"爸爸的良苦用心。我也想，有时候是不是也需要做个"懒"一点儿的老师。

　　一要"懒"动手，以解放孩子灵巧、能干的双手。

　　陈鹤琴先生曾说过："帮助孩子最好只用一只手。"只有放手让孩子去实践，孩子的经验和能力才能得到形成和发展。如，穿、脱衣服方面，应让幼儿园的孩子自己来，可以要求他们互相帮助，实在不行时老师再上去帮忙。我曾观察过小班刚入园的孩子，两个月的训练下来，班级中会穿、脱衣服的已达90%。再如，添饭、添汤、舀豆浆、拿点心等，老师应讲解、示范要领，把食物放在合适的位置，在充分考虑安全的情况下，可以让孩子自己来。孩子自己动手反而会使他们食欲大增，往往纷纷要求再去盛一次。自己动手可以锻炼肌肉群，训练手指的灵活性，增强大脑的灵敏性。老师包办的少了，把锻炼的机会留给了孩子，孩子的动手、动脑能力就会越来越强。俗话说："实践出真知，实践长才干。"又如，在绘画中，如果老师不是急着"辅导"孩子——帮忙勾勒外形、帮忙选颜色，而是放手让孩子自己大胆地画、涂，多给孩子一些自由发挥的余地，孩子往往会还老师一个惊喜。一次，我教幼儿为小花画栏杆。我示范时，在花园下方用咖啡色画上了一小排栏杆。幼儿绘画时，我发现一个孩子在准备画栏杆时，拿出了黑色油粉笔，在花园的四周画上了栏杆，画面非常丰富。另外，玩角落游戏时，老师也可"懒"一些，少准备一些成品，多准备一些半成品，让孩子有更多的想象发挥余地，以物代物；还可以让孩子学习拿放游戏材料，整理游戏角落。如此一来，老师的精力可以更多地放在深入指导游戏方面，从而大大提高孩子的游戏水平。

二要"懒"动脑，让孩子们的脑筋开动起来，以培养孩子的想象力和思考力。

世界是丰富多彩、千奇百怪的，在孩子的心目中时常会产生无数个疑问，是不是我们都要有问必答呢？其实，注重引导幼儿在探索思考中寻求结果，使其从小养成爱动脑、爱思考问题的习惯，才是最重要的。有时，老师的佯装不懂也是对孩子提问和思考的一种鼓励和引导。如，在带幼儿玩魔术鸡蛋时，孩子们问我："鸡蛋到底能不能浮起来？"我说："这个胡老师也不知道，我们一起来试试看吧！"孩子们的探索欲望顿时被激发起来了。又如，在科学活动"认识空气"中，刚开始，我拿出一个不透明的塑料袋，有孩子问："里面是什么呀？"我笑着说："我不知道。你们看看有什么？"打开袋子后，孩子们左看右看发现里面什么也没有。紧接着，我设下悬念，提出第二个问题："真的什么也没有？怎么袋子是鼓鼓的呢？"我让孩子们把袋口拧紧，孩子们感觉袋子是鼓鼓的；我让他们将袋子扎一个小孔，孩子们又感觉里面有气跑出来，原来袋子里有空气。于是我继续引导，提出第三个问题："为什么刚才你们没有发现呢？"有了以上的感知经验，孩子们很快便总结出来：空气是无色无味的，抓不着，摸不到，闻不到，所以他们刚才没有发现。通过这样的活动，幼儿不但掌握了所学的知识，而且增强了对科学活动的兴趣。

其实，"懒"并不是坏事。所谓的"傻瓜相机"就是让人省事，让人"懒"。可见，"懒"有"懒"的科学。老师的"懒"是富有智慧的，是"懒"得恰到好处，是把锻炼的机会留给孩子。这样的"懒"会造就一个"勤"孩子、"巧"孩子，使孩子的多方面的能力和素质得到提高。

（作者单位：安徽省合肥市宿州路幼儿园）

5 "生成课程" 从哪里来

闫兴芬

"生成课程"作为一种新的课程理念和模式，正在被越来越多的幼教人士所关注。由于它是一个动态的过程，很多老师在教学中感觉很难操作，不知道"生成课程"到底从哪里来，或者说，不知道该如何生成课程。

下面，我就以一个主题活动为例，和教师们一起交流、探讨这一问题。

"无国界马戏团"是幼儿园大班的一个单元主题活动，教材就是一本故事书。两个大班的教师在组织这个主题活动时，分别生成了多个不同的活动。A班教师发现：幼儿对故事主角熊猫晶晶和北极熊雪雪能到世界各地表演而感到非常羡慕。讨论过程中，幼儿发现各地的饮食文化、衣着服饰、名胜古迹、手工艺品各有不同，他们对饮食文化很感兴趣。因此，幼儿商量开办一间出售中国食品、日本寿司、美式点心的快餐店，并给它取名为"无国界快餐店"。围绕这个快餐店又生成了几个主题活动："中国水饺"、"日本寿司"、"美国热狗"。B班教师发现本班幼儿对动物很感兴趣，经常看着图画书饶有兴致地讨论："熊猫晶晶为什么眼圈是黑黑的？北极熊雪雪为什么不怕冷？"经幼儿商量，他们计划开办一家动物园。而动物园要有动物，很自然地，"大熊猫晶晶"、"鳄鱼贝贝"、"北极熊雪雪"等活动就诞生了。之后，全班师生还一起进行了动物园场景的设计、布置，整个活动开展得有声有色，内容充实，很好地促进了幼儿多方面能力的发展。

通过关注这个主题活动，我们不难发现，教师要做好"生成课程"，必须注意以下几点：

一是要及时捕捉幼儿的兴趣点。幼儿的兴趣就是课程的重要内容，这是"生成课程"的特点之一。当发现既令幼儿感兴趣又有价值的事物时，教师要大胆地打破原来的计划，调整教育活动内容，依据幼儿在活动中表现出来的兴趣、产生的问题和困惑，支持、帮助、引导他们去研究、探索。在"无国界马戏团"的主题活动中，A 班教师发现本班幼儿的兴趣点在饮食文化方面，就启发幼儿先分头查找各国的美食，包括图片、照片、文字介绍等，还鼓励同伴之间互相交流自己的经验。幼儿在对许多国家的美食有了一定的了解和认识后，想自己制作美食的愿望已经非常强烈。这时，教师又及时地抓住了幼儿的这一兴趣点，和幼儿一起设计、生成了多个教育活动。B 班教师发现幼儿的兴趣点在动物方面，就让幼儿先分享自己喜欢的动物的特点。通过查找资料，在幼儿对自己喜欢的动物特征和习性有了一定的认识之后，再让大家来制作动物及建造自己的动物园。

二是要对年级教学目标、单元目标十分熟悉。虽然说"生成课程"要以幼儿的兴趣和需要为主要内容，但并不是幼儿所有的兴趣和需要都可以生成课程。那么，该怎么判断幼儿感兴趣的事物到底有没有教育价值，能不能促进幼儿发展呢？这就要求教师心中有目标，对本年级、本单元的目标要十分清楚，能根据幼儿的发展目标，筛选出幼儿感兴趣的事物中那些有价值的，这样才可以生成教育活动。

A 班和 B 班教师之所以能够生成上述课程，主要源于对目标的准确把握。在"无国界马戏团"的单元目标中有这么几条：分析——"能比较不同国家在服饰和饮食上的差异"；沟通——"能用不同的方法沟通"；运用资讯媒体——"能运用互联网来查找资料"，"能搜集和整理各地马戏团和各地文化的资料"；协作——"能与同伴合作进行创作活动、制作资料册"；运算——"能自定量度单位"；解决问题——"能思考与别人融洽相处的方法"；价值观和态度——"能尊重团体精神、发掘自己和别人的长处、善用废弃物"等。对照这部分目标要求可以发现，教师的"生成课程"是紧紧围绕教学目标来设计的，是为促进幼儿发展服务的。

三是要对本班学生的已有经验准确把握。幼儿的已有经验是他们进一步学习、发展的基础。教师要对本班幼儿的已有经验了如指掌，因为只有知道幼儿需要什么，才能确定给予他们什么。比如，上述 A 班和 B 班的幼儿，他们都有一定的计算机操作能力，能认识两三千字，已养成良好的阅读习惯，所以查找、分析、搜集资料基本没有困难；在团结协作、利用废弃物的习惯方面，本园都有较好的传统；在能力方面，大班的幼儿有较强的动手能力，对自己感兴趣的饮食、动物制作有较好的基础。

四是要有广泛的兴趣和爱好。符合儿童和教师的兴趣，借助于教师和儿童的讨论和协商，这是"生成课程"的另一个重要特点。幼儿园的孩子由于知识和经验的缺乏，虽然令他们感兴趣的事情很多，但是真正让他们主动去发展还是有很大盲目性的。所以，教师需要根据幼儿的年龄特点和已有的知识和经验去引发、推动幼儿的发展。这里要特别强调一点，就是教师自身的兴趣和爱好。和幼儿一样，教师对自己感兴趣的事，做起来也会更有动力，所以，教师也要培养自己多方面的兴趣和爱好，以便用来影响幼儿。教师要善于学习，多一些知识储备，要有足够的素质来驾驭、把握这种课程。如果知识储备不够、思维不够严谨，就很难把"生成课程"应有的教育功能发挥出来。

（作者单位：山东省泰安师范学校附属小学幼儿园）

6 使操作材料更有吸引力

邵乃济

　　走进大三班的教室，我的眼前一亮：有的孩子在悬挂着的塑料菜罩和风铃上不时地系上物品，这是在进行如何保持平衡的操作；有的孩子在点心区吃着玉米。看来，老师今天的主意不错，既丰富了点心品种，又让孩子在吃的过程中有所发现。孩子们玩得真高兴！当我转过身来时，发现左面的墙边放着海绵、积木、小球，墙上挂着一个个大小、形状相同的瓶子，瓶子上还有刻度。可没有一个孩子来这里玩儿。这是怎么回事？于是，我找了一个孩子问："这里是玩儿什么？你们为什么都不来玩儿？"孩子告诉我："就是看哪些东西重，哪些东西轻，我们都玩儿过了，不想玩儿了。"听着孩子的话，我不由得沉思起来。

　　讨论时，我特意把这个问题提了出来。该班老师说："这个问题我们也注意到了，原本是想让孩子在放置不同物体时从刻度上观察、判断这些物体的重量，但是孩子们玩儿了两天就明白了。往下该怎么办，我们也没辙了。""是啊，大家一起来说说怎么办。"我鼓励着大家。研讨的气氛一下子活跃了起来。老师甲说："可以换一些材料，如，磁铁块、泡沫塑料和硬纸片等，让孩子有新鲜感。"老师乙接话道："放材料的容器可以设计成大小不同、容量不一、形状各异的，在吸引孩子玩儿的同时，也让孩子观察、发现容器与物品多少的关系。"一时间，群策群力，办法多多。随后，该班老师根据大家的意见对活动进行了调整。结果，这个活动再次吸引了众多的幼儿。

　　这件事使我感到，我们在考虑、选择材料时还缺乏思考，还没有把材料与幼儿经验的关系梳理清楚。于是，我们进一步组织教师进行学习，就材料与幼儿经验获得的关系问题专门立项进行研究，以案例的形式进行思辨、互动，在实践中发现、分享好的资源，并组织老师撰写开发课程资源的案例。老师们有的从报纸中受到启示，引导幼儿玩起了内涵丰富的游戏；有的拿来五谷杂粮，开发出了多种方式的操作活动。

其实，生活中有许许多多的物品，如果我们只是把它们当作单一功能的东西使用，那就太可惜了。教师要有敏锐的眼光，善于把生活中的资源转化为自己实施教育教学的载体。有时看似平淡无奇的东西，只要加以筛选、重组、加工和挖掘，就能被赋予丰富的内涵，就能使简单的东西演化为令孩子们兴趣盎然的活动材料。

老师使用材料有三个层次：一是用过，就是简单收集、组织、使用材料，这叫"手中有剑，心中无剑"；二是用好，就是系统收集、恰当组织、合理使用，即"手中有剑，心中有剑"；三是用巧，就是引导幼儿自主收集，在与材料的互动中积极探索和主动学习，老师能在"看似无"的材料场景中赋予"实则有"的意义，达到一个较高的境界，那就是"手中无剑，心中有剑"。

要想成为一个智慧型的教师，就更要注重收集和积累。每个学期，把自己从实践中收集的材料梳理一下，形成课程材料的操作包，你就能在以后需要时"得来全不费工夫"。平时注意积累操作实践中的经验和教训，形成对自己和同伴有所启示的实践案例，这有助于自己的反思和重构。如果你能够长期坚持，那么提供给孩子的操作材料就一定能更有吸引力。

（作者单位：上海市实验幼儿园）

7 精心创设幼儿园活动区角

胡传朵

　　教师为了让幼儿有更多的自主活动的空间，都在班级创设了不同的活动区角，并划分出若干个室内外的活动区域。除集体活动外，大多数的时间里孩子们都乐意在自己选择的活动区域里学习、游戏。区角活动深受教师和幼儿喜欢。

　　幼儿园班级的活动区域具有开放、宽松、自主等特征，更多地体现了幼儿个体的游戏愿望和自主行为。教师在做活动区域的设计时，要从幼儿班级活动室及生活环境出发，用柜、架等进行分隔，尽量根据需要来变化，各个区域最好可拆、可连，从而使区域活动和集体活动、自由游戏等形成沟通与对话。室内外区角的分布、动静区角的间隔不能有问题。否则，由于活动区域设计的随意性或教师对活动区域的管理不善，不仅可能给教师带来麻烦，而且可能会给孩子带来伤害。

"自由"时的摔伤

　　某中班的一位老师组织小朋友们进行区角活动。按常规，每5~6个小朋友自由结伴组成一组，在教室内、外分区活动，但室内、室外分区活动时，教师不能同时兼顾所有的孩子。

　　这天，正当老师在室内照看小朋友们活动时，室外某组的一个小朋友因相互追逐，不小心摔倒在防滑钢板上，大哭起来。老师闻声赶来，并马上报告园长，在保健医生的协同下，将孩子送到医院检查。经医生诊断，该幼儿的右手尺骨、桡骨双骨折。

事后，家长要求幼儿园承担全部赔偿责任，理由是——虽然孩子摔倒属于意外，但毕竟事情发生在幼儿园内，幼儿园理应承担医药费、营养费及家长误工费的赔偿。但幼儿园认为，是孩子自己摔倒的，幼儿园没有责任，因此不同意家长的赔偿要求。于是，家长将此事反映到了当地报社。后来，在有关部门的协调下，家长和园方才就此事进行协商并达成了协议：幼儿园同意支付给该幼儿医药费、营养费及家长误工费等共计人民币一万多元。

案例中，教师在组织区角活动时，把小组分离得太远，造成了部分孩子的活动不在教师的视线范围内，结果出现了因"自由"过大而引发的事故。活动时，由于教师未能及时制止孩子奔跑、追逐，造成了孩子摔伤。由于区角设置的面广，室内外活动又同时展开，这导致教师照顾不过来。因此，组织活动时，若由两位老师同时照看，或请保育员协助照看，事故也许就不会发生了。此外，幼儿活动场地的安全问题非常重要，地面不能过滑或过硬。

在班级的管理中，教师的责任心尤为重要，教师对幼儿活动场地的安全隐患等要有警觉性，不能远离孩子。其次，在活动区域的管理中，应让幼儿建立和遵守区角活动中基本和必要的活动秩序，应建立规则提示、帮助他们学习约束和调整自己的行为。这样做既可以促进幼儿社会性行为的发展，又可以使区角活动更有理、有节、有序、有意义。

对区角创设的提示与建议如下：

1. 区角划分有三个原则：半开放原则、定与不定原则、渐进性原则。区角的划分应结合幼儿的年龄特点，如，小班半开放的区角有抑制孩子四处跑动的功能，能让幼儿在一个角待久一些，以帮助他们专心做完一项"工作"。区角的划分还要考虑室内外的面积与布局，根据相关情况设"固定"和"机动"两种区角。区角的设置和展开需要逐步进行，以便让孩子有个逐渐熟悉的过程。

2. 区角材料投放的三个原则：对应原则、层次性原则、安全性原则。

区角材料的投放既要根据本班级幼儿的特点来安排，又要把握材料在投放时间上的层次性，以满足不同个性幼儿的兴趣和需要。区角材料的安全性很重要，老师在投放时要进行检查，务必清除材料中存在或潜在的危害。

3. 区角环境布置的三个原则：温馨原则、暗示原则、秩序原则。班级区角环境布置要温馨，以营造一种家的氛围，让幼儿在幼儿园里有家的感觉。好的区角环境布置可以对幼儿起到暗示作用，如，区角提示牌可以提示幼儿该做什么以及怎么做。区角环境布置还能培养幼儿的秩序感，如果把区角材料有序地摆放，"怎么拿、如何收"等都让孩子帮着一起做，幼儿就会有种秩序感，教师的工作也会事半功倍。

（作者单位：安徽省合肥市宿州路幼儿园）

8 在情境中教美术

潘丽君

绘画是孩子非常喜欢的一种表达自我的方式，但在教学实践中，我们也发现了两个突出的问题：一是幼儿"会说不会画（做）"——在美术教育活动的导入部分，幼儿常常兴趣盎然、能说会道，但是一到让他们自己动手绘画时，大部分孩子就说："老师，我不会画"、"老师，请你来帮帮我"，或者面露难色，勉强动手绘画；二是幼儿"会画（做）不会说"——有些孩子对构图、线描、涂色等很用心思，能花费很长的时间沉浸在绘画的过程中，但是这些孩子不会用语言去表达他们的表现过程和作品内涵，他们的作品有很明显的"模仿"痕迹，或者说只是"机械的加工"。

针对美术教学中普遍存在的问题，建议老师尝试将情境教学引入到美术教学活动中来。具体可通过以下途径来实现：

1. 创设情境，激发幼儿对美术教学活动的兴趣。美术教学活动中所出现的部分幼儿不愿动手绘画等问题，很大一部分原因在于：幼儿对美术教学活动不感兴趣，把绘画当成了一件枯燥、乏味的事情。那么，老师可以通过编故事，即针对幼儿的年龄特征创编生动、有趣的故事，通过绘声绘色地讲述故事，把幼儿带进故事情境，从而激发幼儿的情感，让他们与故事中的角色一起感受喜怒哀乐。一旦幼儿的注意力和情感被故事的情境所吸引，并被给予了运用美术语言加以表现自己情感的机会，那么，不用过多地去教他们美术技能、技巧，他们也会对自己的美术创作变得积极、主动、急不可待。在这样的情况下，即使幼儿没有较高的绘画技能，他们的美术作品也依然会充满着创造性和激情。

2. 运用情境，激励师幼在美术教学活动中积极互动。运用情境教学，常能使美术教学的过程演变为故事情境发生和发展的过程，从而使教学过程引人入胜、扣人心弦。

例如，在中班美术教学活动《热闹的菜园翻了天》中，教师通过运用"蔬菜大军开来了，藕将军和胡（萝卜）司令招募蔬菜兵"这样一个情境，来推进整个教学活动的开展。教师首先要求幼儿按照蔬菜的颜色选择相似的水粉色，并学习用手指蘸水粉的方式画出各种蔬菜；接着，教师让幼儿大胆想象，以重复运用像画出各种蔬菜图像一样的方法，使画面丰满起来，以表现大队人马开来了；然后，教师要求幼儿在已干的画面部分添画动作、表情等细节；最后，教师又要求幼儿通过插小旗的方法来比较藕将军和胡（萝卜）司令所带领的队伍中哪一队参加的蔬菜兵多。在故事情境发生和发展的过程中，幼儿既能展开想象的翅膀来尽情地表达、表现自我，又能根据美术表现的需要从教师那里学到有关的技能、技巧。

3. 借助情境语言，将教学要求转化为故事中所需要解决的问题。倘若幼儿没有一定的美术技能，他们就无法充分表现、表达其所思所想，就会阻碍他们自身的发展。因此，必要的美术技能还是要教的。当然，教师的教学要把握好尺度，要辩证地处理好幼儿自发的天性与成人指导作用之间的关系。建议教师可借助故事情境中产生的语言，将教学要求转化为故事中需要解决的问题，从而激发幼儿学习美术技能的兴趣。

例如，在实施大班美术教学活动《小房子》时，活动情境的创设要求我们把美丽的小房子留在自己的城市里，要求大家齐心协力地在小房子周围创造优美、整洁、环保、便利的环境。而教师在这一情境中就借助了情境语言，不断地启发幼儿去想象，也给予了幼儿一定的示范，让他们学习正确、合理的构图方法。譬如，教师会说："小房子说它的周围要有蓝天、白云、绿树、红花"、"小房子门前要有一条马路，通往远处的商场"等等。教师可以通过情境语言来要求幼儿学习一些绘画技能，或启发他们运用各种已学会的构图方法，尝试在已有的画面上不断进行想象和创造，体验共同作画的快乐。

4. 利用情境，变教学结果的讲评为故事情境的分享。利用情境进行美术教学活动的做法，将讲评变成了分享。在这一环节中，有趣的故事情境常常会激发幼儿的情感，启迪幼儿的智慧，让幼儿大胆、自信、争先恐后地介绍或者展示自己的作品，从而使幼儿得到快乐和满足。教师还应鼓励幼儿在欣赏自己作品的同时也努力赞赏同伴的作品，通过他们肯定同伴的美术作品，最终把作品全部展示出来。

最后，老师在实践过程中要用好情境，还必须注意以下三点建议：

1. 情境应贯穿始终。必须自始至终地把情境贯穿在教学过程中，不能一会儿进入情境，一会儿游离情境。否则，就会无法吸引幼儿全神贯注地投入到情境之中。

2. 师幼角色的把握。在设计活动情境时，应事先考虑好教师和幼儿在该情境中分别扮演什么角色，角色身份也应贯穿于美术活动的始终。尤其在幼儿绘画、教师启发的环节中，教师千万不要忘了自己的情境角色，应以情境中角色的口吻以及情境性的语言启发幼儿。

3. 情境要自然、合理。创设的情境必须自然、生动、合乎逻辑、符合幼儿的年龄特征，切忌为了追求新颖、奇特而创编缺乏科学性、文学性、艺术性的故事情境。在创设情境时，教师要综合考虑各领域的培养目标，特别是——要使情境能激发幼儿追求真、善、美的情感。

（作者单位：上海市浦东新区齐河幼儿园）

9 备课前请先研读教材

尹紫昕

　　"备课"是上好一节课的基础，是教师必备的教育技能。其实，幼儿园也应该非常重视教师们的备课，宜经常采用集体备课、分年龄组说课等形式来帮助教师们为教育活动做尽量完善的准备。然而，目前我所看到的"备课"，多数仅仅停留在抄写书上的现成教案或只是简单地分析一下教案中的教学环节阶段，并没有真正将这个教育活动的内容吃透。这导致了教师在制定教学目标和解决重、难点问题时经常出现偏差。作为教师，要想备一节好课，首先要做的就是：在研究孩子特点的基础上吃透教材，很好地领会教材的内涵，充分地理解教材的编写意图。只有这样，才能使教学更适合孩子，才能在教学活动中驾轻就熟。教材是教学活动的重要资源，是教学活动中进行真实、有效的对话的凭借。教师只有真正了解了教材、充分理解了教材，才能超越教材、走出教材。同时，只有当教师自己被教材所打动时，才能让孩子们被教材所打动，被你在教学活动中的真情所打动，从而形成情感的碰撞和智慧的分享。

　　我观摩过很多教学活动，教师在进行故事、儿歌或散文的教学时，注重的往往是情节和内容，而对于蕴涵在其中的深义并没有深入的理解，结果导致活动进行下来虽然好像也完成了目标，但挖掘得不够深入，离"好课"的标准还有差距。通过教学，幼儿是了解了故事的内容，也学会了其中的一些语言和对话，可对于这个文学作品表达了什么情感、蕴涵了什么道理，都没有理解，更不可能体会到该文学作品的意境美。这就是因为教师对教材研读不够而造成的。因此，我认为要把教材研读作为备课前的首要任务。因为只有教师首先理解了文学作品的深刻含义，才能引导幼儿去理解。

我曾经进行过一个中班的语言活动《风姑娘》，散文是这样的：

> 小草娃娃说：风姑娘好温柔，摸得我四肢暖洋洋的。
> 花朵娃娃说：风姑娘好灵巧，吹得我小脸粉嘟嘟的。
> 树叶娃娃说：风姑娘好顽皮，摇得我全身轻飘飘的。
> 苹果娃娃说：风姑娘好神奇，撑得我肚子胖乎乎的。
> 我对妈妈说：风姑娘像娃娃，和我们大家是好朋友。

这篇散文虽然字数不多，但是写得生动、可爱，充满了童趣，而且行文非常工整、节奏韵律强。想让孩子们记住这篇散文很简单，但是要让他们理解其中的含义就不那么容易了。特别是"苹果娃娃说：风姑娘好神奇，撑得我肚子胖乎乎的"这一句，语言比较抽象，孩子们不容易理解。因此，在制定教学目标和安排教学环节时，如果教师不先深入地理解散文的内容，就无法感受到这篇散文所表达的"风"的特性。

为此，我花了大量时间去研读这篇散文，每一句、每一字都仔细地推敲，研究怎样帮助幼儿理解其含义，进而让他们感受散文的意境美和语言美。我努力从多角度研读教材，并且读懂、读透，做到烂熟于心。在设计活动环节时，我除了利用简图的形式帮助幼儿记忆散文的内容以外，还利用优美的图画和艺术性的语言帮助幼儿理解和体会散文的意境。

> 教师：风吹在我们的脸上、手上、身上有什么样的感觉？
> 幼儿：轻轻的、软软的，就像妈妈的手在抚摸着我们，非常温柔。
> 教师：你们想一想，风吹在小草身上会是什么样的感觉？
> 幼儿：也好温柔。
> 教师：风吹花儿，花儿脸上会怎么样呢？
> ……
> 教师：风摇着树叶，会怎么样啊？

幼儿：会飘动起来，树叶可能会掉下来呢！

教师：前面，小草娃娃说"风姑娘好温柔"，花朵娃娃说"风姑娘好灵巧"，树叶娃娃说"风姑娘好顽皮"，苹果娃娃会怎么说呢？为什么要说苹果娃娃的肚子被风撑得胖乎乎的？

幼儿：因为苹果越长越大了！

教师：对！苹果娃娃在一天天地长大，所以风把他们的肚子撑得胖乎乎的。

总之，研读教材对于一个教学活动的成功是非常重要的。除了语言活动，在数学、科学、社会等活动中也都非常必要。所以，我建议老师们在备课前一定要仔细地研读教材。

（作者单位：安徽农业大学幼儿园）

10 教学活动中的铺垫与过渡

张青允

作为幼儿教师，不知道你是否遇到过这样一些问题：想让孩子自由创作图画，孩子却无从下手或只重复旧时常画的内容；想让孩子将之前学过的故事创造性地表演出来，可是孩子却只是简简单单地做一做动作，说一说台词，展现不出人物的特点；想让孩子合作完成一个任务，孩子却各自为政，随性进行，甚至偏离主题；想在活动中使用新的教学方法，可是仅仅让孩子明白其中的要求就要花费大量的时间……为什么会产生这些问题呢？我认为症结就在预先没有做好铺垫和过渡。这就像写小说一样，如果你没有对将要发生的故事做铺垫就直接写了出来，读者一定会觉得突兀。

要做好哪些铺垫与过渡呢？简单来说，就是要在进行新的教学内容，或者运用新的方法之前，先给孩子一个初步接触新内容、新方法的时机，就是在活动内容之间架起一座桥梁，就是让孩子掌握表现自我想法的技能和相关素材，就是把有难度的要求或者任务分层，一层层地进行，就是在进行有挑战性的活动之前先帮助孩子搜集信息。下面，我们来看两个真实的活动，看一看活动中主班教师是怎样做的。

活动一

在一次观摩活动中，我欣赏了幼儿表演的《三只小猪》。孩子们的表演非常吸引人，他们动作丰富，语言活泼、生动。其中扮演大灰狼的孩子，表演时挥动着四肢，眼珠滴溜溜地乱转，还时不时地舔舔嘴巴。在引诱小猪们时，他还唱起了"对面的小猪看过来，看过来，看过来，这里的世界很精彩"。扮演猪姐姐的孩子则对着镜子（以手代替）照来照去，一会儿画画这儿，一会儿描描那儿。活动后，教师跟我说她为了能让孩子们非常好地表演出这个故事，在第一次活动（讲述故事）后，趁着孩子们对于这个故事的热情，引导孩子们说出了他们自己的看法。例如，幼儿问："老师，猪大姐是什么样的呢？"老师会说："你觉得她是什么样的呢？"幼儿回答："我姐姐、我妈妈在家可臭美了，整天化妆。"这位教师认为这些自由时间所进行的交流帮助孩子梳理、扩展了思路，使得他们对故事的认识变得更生动、更深刻，最终造就了这样一个极具表现力的活动。

活动二

在一次名为"纸桥承重"的教学活动中，老师要求孩子们想办法做出能撑起多个泥工板的纸桥，并且看谁的纸桥承重最多，但是却没有给孩子们提供更多的泥工板进行操作（自始至终，每个孩子只有一个泥工板），只是要他们互相借泥工板。对此，这位老师说她是想借此培养孩子的合作意识。由于协商式的合作需要有"领头的人"，本班的孩子还达不到这个程度；相对来说，借泥工板容易些，所以老师选择了通过"借泥工板"来培养他们相互帮助的意识，这也是为真正的合作打基础。换句话说，就是必须确保他们能实现较低水平的合作，才能要求他们进行更高一级的共同协商的合作。

这两位教师都非常好地关注到了铺垫、过渡。在第一个活动中，教师把教学的内容延伸到了集体活动之外，利用其他时间跟幼儿就活动中的内容进行交谈，并把这些内容与下一次的活动内容联系起来。这个安排使前后两次活动结合得更加紧密，也使后面的教学进行得更丰富、更具吸引力。

在第二个活动中，教师考虑到本班孩子的实际情况，将合作定位到共用工具上，意欲通过最基本的互帮意识培养孩子们的合作能力。她将操作按照实际需要分为诸多层次，计划拾阶而上，这增加了最后成功的可能性，考虑颇为周到。让孩子把自己仅有的工具借给更需要它的同伴属于最低级别的合作，这实现起来要容易得多。它不用围绕主题进行思考与讨论，只需要每个人能站在他人的角度上考虑，相互体谅，相互帮助就行。恰巧，这也是合作能够实现的前提条件。如果不肯牺牲，不肯体谅、帮助同伴，合作根本就不会存在。案例中的教师非常明确地看到了这一点。

另外，还需要再强调一点：不要将视线都聚焦在具体活动内部，而应该放开视野，多在活动进行之前搭好桥、铺好路。运用新的方法之前应先给孩子一个初步接触新内容、新方法的时机，应让孩子掌握表现自我想法的技能和相关素材；在进行有挑战性的活动之前应帮助孩子梳理信息……这些都可以是活动之前的铺垫。

（作者单位：安徽省合肥幼儿师范学校）

11 应注重幼儿合作精神的培养

沈佳萍

合作是指两个或两个以上的个体为了实现共同目标而自愿地结合在一起，通过相互之间的配合和协调而实现共同目标，最终其个人利益也获得满足的一种社会交往活动。《幼儿园教育指导纲要（试行）》中提出："通过引导幼儿积极参加小组讨论、探索等方式，培养幼儿合作学习的意识和能力"。下面摘录了幼儿在科学游戏活动中的几个案例。

案例一

科学游戏的第一个项目是拧螺丝：6个幼儿面前摆着一堆螺丝，要求他们在一定时间里将螺丝按形状、大小、颜色配对拧完。活动开始了，孩子们的动作很快，几个幼儿看到手上的螺丝找不到相应的螺帽时，便很快地放弃了手上的螺丝，寻找另外的螺丝。眼看一堆螺丝快要拧完了，这时桌子上只剩一对黄色的螺丝、螺帽。彤彤小朋友飞快地拿起了一枚螺丝，睿睿小朋友紧接着拿起了剩下的那枚螺帽。当彤彤准备去找那枚螺帽时，发现桌子上没有了。她抬头看见睿睿的手上紧紧攥着的螺帽，便想伸手去拿。可睿睿毫不示弱地将螺帽往背后一藏，说："这是我的。"彤彤急着说："是我先拿到的。"两人互不相让地僵持着。

案例二

电子积木是孩子们非常喜欢的科学游戏材料，班上几个小朋友带来了几套好玩儿的电子积木。因为积木上有大量的比较复杂的线路图，小朋友们讨论后决定每套积木由两个幼儿一起玩儿。小宇和恒恒小朋友在科学区玩锋锋小朋友带来的电子积木，小宇迅速地把积木放在自己面前，线路图纸则紧紧地放在自己的右边，他一边看图，一边动手拼搭起线路来。恒恒小朋友坐在他的旁边小声说："让我搭一下吧？"小宇头也不抬地说："锋锋是我的好朋友，他说过给我玩儿的。"听了小宇的话，恒恒只好安安静静地坐在旁边看小宇玩儿。

从以上案例可以看出，幼儿的合作精神是不够的。因此，在活动中，教师应注重幼儿合作精神的培养。

一、培养幼儿解决合作中遇到的问题的能力

现在的孩子大都是独生子，是父母的"小太阳"，所以多数的孩子就形成了以"我"为中心、任性、对抗、攻击性强等性格。在游戏活动中，幼儿遇到纠纷时大多不会自己解决，不是告状就是吵闹。这时，就需要教师来帮助解决幼儿之间的矛盾。教师在解决这样的问题时，需要采取一种让幼儿乐于接受的方式，不要伤害幼儿的自尊心。教师应让幼儿通过语言交流，就某一个共同话题或任务交换意见，展开讨论，使他们彼此建立起更深入、广泛的联系，加深印象，增加信任和好感，从而更好地合作。

在案例一中，当睿睿和彤彤都想自己完成任务且互不相让时，我并没有批评她们俩，而是让6个孩子共同商量如何解决矛盾，怎样才能让团队最快地完成任务。最后大家一致决定，拿到螺帽的幼儿迅速把螺帽交给拿螺丝的孩子，同时还要大声地告诉对方："螺帽在这儿。"

二、发挥各种榜样的作用

教师在幼儿心目中有很高的威信，教师的言行潜移默化地影响着幼儿。教师之间、教师与保育员之间能否分工合作、互相配合，会对幼儿产生直接的影响。同时，教师与幼儿的合作也要平等。在这个过程中，教师与幼儿要有真正的交流、沟通，而不能是单纯的指导与被指导的关系。教师在与幼儿的合作中，应自觉地充当平等对话人，要对幼儿的活动表现出好奇和关心，并以合作者的身份积极参与、提出建议和分担责任，从而发挥良好的榜样作

用。此外，教师应让合作能力强的幼儿为合作能力弱的幼儿树立榜样。

在案例二中，我让别的小朋友为小宇树立了同伴合作的榜样。当看见别的小朋友成功合作的范例后，小宇意识到了自己的错误，也邀请恒恒一起参加游戏。当小宇正为找不到一块电路板而发愁时，恒恒就把找到的电路板递到他面前。小宇开心地笑了，他终于体会到了合作的乐趣。

三、教给幼儿合作的方法

幼儿可能不会在需要合作的情景中自发地表现出合作行为，也可能不知如何去合作。这就需要教师教给幼儿合作的方法，指导他们怎样进行合作。比如，在玩开锁的科学游戏中，可以让幼儿在开锁前观察锁的特征，找一找大、中、小号锁各有几把，再把大、中、小号钥匙分开；可以根据幼儿的人数进行合理分工，安排大、中、小号锁由不同的幼儿负责开，也可以告诉幼儿试过的钥匙要单独放置等。当孩子们掌握了这些合作的方法后，他们会感到合作很愉快。

四、让幼儿体会到合作的快乐

如果幼儿在与小伙伴的交往中逐渐学会合作，他就会感受到合作的快乐，就会产生继续合作的需要，从而持有积极与人合作的态度。教师看到幼儿能与同伴一起友好地玩耍、协商时，应注意引导幼儿感受合作的成果，体验合作的乐趣。在幼儿通过合作成功地完成任务后，教师应给予适当的鼓励，哪怕是微小的进步都应及时肯定，要让幼儿明白"人多力量大"的道理，让其体会合作带来的快乐，从而增进幼儿间的友谊，以便他们更好地沟通与合作。

在案例一中，我用秒表记录孩子们每次完成任务的时间。当他们的合作越来越默契时，他们完成任务用的时间也越来越短。当孩子们一次又一次地刷新自己的成绩时，他们无不欢呼雀跃。

合作是幼儿未来发展、适应和立足社会所不可或缺的重要素质。因此，幼儿教师在各种活动中都应注重幼儿合作精神的培养。

（作者单位：安徽省合肥幼师实验幼儿园）

12 让孩子成为一个小"绅士"

范增花

我国素有"文明古国、礼仪之邦"的美誉，几千年的灿烂文化形成了中华民族高尚的道德准则和完整的礼仪规范。"为人要知礼。"社交礼仪作为一种道德层面上的行为规范，在人际关系、社会交往中起着非常重要的作用。

幼儿只有在不断地与人交往的过程中，才能逐渐从一个自然人成长为一个文明的社会人。对幼儿进行社交礼仪教育，能更直接地教会他们如何与人相处，培养他们的文明意识，帮助他们养成文明的行为习惯，满足他们走向社会的心理需要，增强他们适应社会生活的能力，促进他们情感的健康发展。

在幼儿园，教师应怎样对幼儿进行社交礼仪教育呢？

首先，教师要为人师表，成为幼儿学习的榜样。教师在幼儿心目中有着重要的地位，他们的一言一行都会成为幼儿的榜样。教师每天都应主动地对幼儿问好、道别；活动中，教师也要礼貌地与幼儿形成互动，如："××小朋友，请你……好吗？""你愿意参加……吗？""让我们一起……吧！""你喜欢……吗？""你做得很好！""老师很乐意帮助你！""别着急，再好好想想，你会做得更好！""讲得真棒，请小朋友为他鼓掌！"等；或者给孩子一个赞许的眼神、一个微笑、一个拥抱，竖起大拇指，用亲一亲脸颊等体态动作表达对他们的喜爱。通过这些言语和动作，可以让幼儿在文明、和谐的教育环境中成长，让他们从老师的言行中受到潜移默化的教育，逐步形成自己的主动意识和文明行为。

第二，教师应教幼儿学会使用礼貌用语并熟悉待人接物的规则。礼貌用语是交往的钥匙，教师要引导幼儿学会日常交往的语言，如，使用礼貌用语：见到老师、小朋友能主动问好，走时说"再见"；遇到同伴的家长会说"××好"，并做到称呼得当；得到老师、同伴的帮助或收到礼物时，会说"谢谢"。使用协商用语："我看看好吗？""你能帮我……吗？"使用抱歉用语："对不起。"除了教给幼儿交往的语言，还要让幼儿注意交往时的态度、表情和动作，做到待人热情、友好、谦让、合作。同时，应教幼儿学会遇到问题时举手并耐心等待，能安静地倾听老师的讲话和同伴的发言，能热情、真诚地帮助能力比自己弱的孩子，能做到爱护幼儿园、班级的环境和用品，不踩踏草坪，不乱折花木，爱护、照顾小动物等。要努力让幼儿做到说话有礼貌、做事有分寸、行为有规范。

第三，教师应为幼儿创设交往的环境和机会。幼儿的交往能力只有在良好的环境和更多的交往实践中才能得到锻炼和提高。教师要给幼儿一个温暖、和谐的人际环境，应热情而充满爱心地对待每一个幼儿，让他们有安全感，从而形成融洽的师生关系。教师还要争取家长的配合，尽量多为幼儿提供成品玩具、自制玩具和学习用品，如，积木、插花、皮球、纸球、沙包、头饰、剪刀、彩纸、橡皮泥等，以便让幼儿有更多的机会参与活动。在活动中，师生之间的交流、同伴之间的相互讨论与帮助等都能增进师生、同伴之间的交往。

教师要给孩子进行游戏和自由活动的充足时间。幼儿在游戏和自由活动时心情是放松的、快乐的，此时是幼儿进行交往、学习交往技能的最佳时间。如，在角色游戏中，幼儿要学会扮演好自己的角色，大胆地表述自己的想法，学会克制，努力克服胆怯、任性、霸道等不良品质，从中学会怎样与同伴友好地相处。同时，幼儿还可从中学会不同的交往方式。如，"娃娃家"中的爸爸、妈妈与娃娃，医院游戏中的医生与病人，买东西游戏中的营业员和顾客，以及各种故事中不同的角色分工等，这些不同的角色体验，可以让幼儿懂得人与人之间应当怎样和谐相处，从而为幼儿的社会交往积累经验。当然，其他形式的游戏活动同样是幼儿喜欢的，在游戏中，幼儿也可以学会合作、分工。因为不论参加游戏的人有多少，幼儿总是喜欢和伙伴一起玩儿。在自由活动时，常常可以看到幼儿三五人结成一组，按照自己的喜好选择玩法。在这样的活动中，幼儿是有经验的，所以他们玩儿得更投入，交往也更自如。因此，教师只需在必要的时机引导、帮助幼儿协调好各种关系，以培养幼儿的群体意识与合作精神。

第四，教师要处理好幼儿之间的各种矛盾。遇到问题时，教师要冷静，要控制好自己的情绪，应态度和蔼地对待幼儿并协助他们解决问题，而不应用老师的权威粗暴地呵斥幼儿。幼儿由于年龄小，考虑事情常以自我为中心，更缺乏处理问题的经验，教师要让问题成为幼儿的一个学习机会，帮助幼儿分析问题，让他们寻找到令双方都满意的解决问题的方法，要教会幼儿能理智、智慧地解决问题，并让他们学会诚实、谦让、互惠、协商、轮流和合作。如果幼儿只是有言语上的争执，而不是打闹成一团，教师就可冷静地观察，适当地提出建议或作出暗示，不过分干预孩子的争执，以启发孩子学会自己解决矛盾。

对幼儿的社交礼仪教育不是一朝一夕的事，需要教师时时有心，事事关注，既要关注幼儿的情绪变化，也要关注幼儿的心理健康，更要取得家长的积极配合，以使幼儿逐步形成自信、乐观、乐于交往、善于交往的良好品质，以促进他们的全面发展。

（作者单位：山东省费县实验幼儿园）

13 充分展示男教师的阳刚之气

徐帮强

男性做事果断，敢于冒险，思维活跃，知识面广，更具阳刚之气。长久以来，幼儿教师大都是女教师，幼教师资呈现一种极度阴盛阳衰的状态，这种状态极不利于孩子特别是男孩子的健康成长。男性教师加入幼儿园，有利于孩子们正确地认识性别，能给幼儿教育带来阳刚之气。

记得有一位家长这样讲过："我儿子以前进的幼儿园没有男教师，所有的教师都是女的，就连门卫都是女的。孩子在这样的环境里，几乎没有接触男性的机会，他每天接受的都是女性的柔情教育，结果造成了他做事非常谨慎。我生怕他将来会变得娘娘腔。后来，听说有一个幼儿园有男教师，我就把孩子转了过去。一个月不到，孩子的性格就发生了变化，他做事越来越大胆了，思维也比以前活跃了，真的很感谢那位男教师。"

从以上的例子可以看出，家长是非常喜欢男教师的。他们希望男教师能把阳刚之气带到幼儿园来，让孩子接受全面的教育。因此，幼儿园男教师要看到自己的性别优势，要善于把自己的阳刚之气充分展示出来。

在专项教学过程中，展示专业特长

幼儿园的男教师大都有其专业特长，特别是在体育、美术、英语等方面。男教师应该结合自己的特长，在课堂中充分展示自己的阳刚之气。如，在体育活动中，可以让幼儿大胆地探索，大胆地玩耍，布置具有难度的任务等；在美术活动中，可以多想一些绘画的方法，让孩子们在不同的体验中感受美、表达美、创造美；在英语活动中，可以多用一些身体语言，多创造一些游戏，让孩子们在良好的语言环境中获得发展等。

在一日生活管理中，突显男性人格

男教师的阳刚之气不仅可以表现在正规课堂教学过程中，还应更多地体现在孩子们的一日生活管理中。孩子们一日生活的各个环节都是教育的契机，这些无意识的学习有可能比正规教学更有效。男教师应该主动走入孩子们的生活，利用一日生活的各个环节与孩子们进行交流。入园、早锻炼、早操、户外活动、就餐前后的活动、午睡、游戏、放学等等，这些时刻都应看到男教师的身影，让孩子们在与男教师的交往过程中，感受男教师的思维方式、做事原则、人格品质等。只有这样，才能让阳刚之气真正渗透到孩子们的心中，也只有这样，才能让孩子们获得发展。

在同伴互助成长中，展露男性思维

男教师的阳刚之气不仅有利于孩子们的发展，也同样有利于幼儿园教师队伍的建设和幼儿园的管理。俗话说："男女搭配，干活不累。"男女教师在一起工作，有利于调动双方的工作积极性，有利于团队互助交流。男教师为了显示自己的男子汉气概，往往是所有的体力活全包，有困难时会大胆地迎上去，他们心胸宽广，大肚能容天下难容之事。而女教师为了在男教师面前展现其女性的细腻，也往往能够用行动帮助男教师在专业方面有所成长。此外，若能把男教师的思维方式引入管理工作中，也将非常有利于管理工作的改进。

家园沟通交流中，突出男性魅力

现在来园接孩子的家长大部分是女性，在家庭中，孩子的教育也主要由女性承担。根据异性相吸的原理，男教师主动与女家长交流，易于提高沟通的效率。所以，男教师应该主动把孩子在园的情况及时地向家长反映，并提出专业性的建议。这样一方面能让家长对男教师刮目相看，另一方面，男教师的做事风格也会让家长感受到不同的教师魅力，使其更易认可男教师的教学工作。

男教师阳刚之气的展示，体现在幼儿园的时时处处、分分秒秒。男教师不应刻意追求与女教师的不同，而应以其本身的思维、行动方式去影响孩子，让"阳刚之气"在潜移默化中教育我们的孩子。

（作者单位：广东省佛山市顺德第一幼儿园）

听孩子的话

儿童愈小,对他们进行教学就愈难,但对未来的后果就愈有影响。

——皮亚杰

童年期的教学只有走在发展的前面并引导发展,才是好的教学。

——维果茨基

1 听孩子的话

徐 冰

　　"要听老师的话!"这是大多数家长在孩子上幼儿园时给他们最重要的一句叮咛。于是,在大家的意识中,幼儿园的话语权就应该掌握在老师的手中。老师说话,孩子听话,这似乎已成为幼儿园日常生活的一种潜在模式。

　　当瑞吉欧的教育开始风靡时,估计我们最大的感叹就是——原来孩子有那么多的话要说,有那么多有意思的话在他们的小脑袋瓜里潜藏着。在这内外的冲击中,老师们开始注意到孩子的话,幼儿园的环境版面上开始有了孩子丰富的话语,也有了他们对自己作品的解读。但是,版面上孩子的话,并不代表着幼儿园日常生活中潜在模式的变更。老师此时听孩子的话,仍处于"听孩子说我想听的话"的阶段。而那些所谓"孩子的话",只能算是孩子口述老师的"命题作文"而已。

　　在《窗边的小豆豆》一书中,让我印象最深的一个小故事就是:豆豆第一天来到小林校长的学校,小林校长让豆豆的妈妈离开,留下豆豆进行单独的交流。小林校长对豆豆说:"来! 什么话都可以说,只要你想说的,通通讲给我听!"豆豆从早上出门发生的事情讲到身上的衣服,再讲到自己生活中的各种趣事,滔滔不绝地讲了四个小时。也正是在这四个小时中,小林校长认识到了真实的豆豆,相信她不是一个搞破坏的问题孩子,只是一个对世界充满着好奇、拥有着探索精神的纯真儿童。而豆豆也在小林校长投入的倾听中感受到了校长的尊重与认可。因为从出生以来,"没有一个人能这样热心地去听豆豆的话,而且在这么长的时间里,没有打一个哈欠,也没有一次显出不耐烦，心情完全和小豆豆一样热切，还把身子拉得靠近小豆豆，全神贯注地倾听着"。豆豆因而丝毫没有感受到转换学校的忧虑，她充满热情地投入到新学校的生活之中。每当看到此处，我就忍不住掩卷感慨，对小林校长逐渐产生了由衷的敬意。

一个老师向我提起，在一次区域活动的讨论中，她发现孩子们对一个话题很感兴趣，七嘴八舌地停不下来。于是，她干脆就取消了后面一个环节的教学活动，让孩子们把自己想说的话都说出来，她来充当听众，听孩子们一个个把话说完。结果，她发现这一天孩子们的情绪特别好，与她的配合特别默契，连平常调皮捣蛋的孩子也乖巧了许多。是呀，我们的孩子有太多太多的话想说。也许他们的表达零乱，也许他们的话有些前言不搭后语，但是他们同样需要能认真倾听并能听懂他们声音的人。

在一次教学活动中，老师问孩子："你喜欢端午节的粽子吗？"一个孩子举手回答说："喜欢，好吃得要爆了！"老师一愣，说："哦，你都吃饱了。"一个"爆"，一个"饱"，意思相差何其远！原本应该生动、有趣的师生互动就变成了老师乏味的自说自话。处于信息时代的孩子，信息获取的渠道极为丰富，而孩子那丰富的想象也常常使他们语出惊人。要成为一名优秀的教师，要有精彩的教学，就不能让孩子的语言成为教学的障碍，而应该成为教学的资源。

在一次阅读绘本《爷爷一定有办法》的活动中，听完这个故事后，一个小女孩说："我的爷爷只会做饼。"老师马上夸张地做深呼吸状："哇，你爷爷做的饼一定很香吧？我感觉我都能闻到他做的饼的香味了。"小女孩马上笑了，说："嗯，我爷爷做的饼是很香很香的。"帕克·帕尔默在《教学勇气》一书中说过："只有一个老师能认真倾听孩子，甚至能听到孩子尚未发出的声音，孩子才能真实而自信地说话。"在这个活动中，教师听到了孩子的弦外之音：故事里的爷爷本领大，我的爷爷很一般。于是，她巧妙地用夸张的回应把孩子的情绪从低落的状态引向高昂的状态，而再提及自己的爷爷时，孩子已经是神采飞扬。这就是优秀教师教学的精彩之处：她让一个普通的阅读活动因为她的倾听而充满了神奇的力量。

倾听充满了无穷的魅力。可是，在很多老师的眼中，倾听孩子的心声对于紧张忙碌的日常工作来说，又是多么奢侈的一种行为！其实，倾听只需要老师作出小小的改变：

● 看看孩子感兴趣的读物或节目，玩玩孩子喜欢的玩具，对孩子喜欢的东西多了解一点儿。

● 在教学过渡环节或者在户外活动等孩子相对自由的时间，坚持和不同的孩子聊上几句；或者学习做听众，听听孩子之间的聊天内容。

● 每次提问，当孩子一下子回答不出时，别急着追问或者放弃，多给孩子三秒的时间，让孩子整理一下自己的语言。

● 在教学活动中，多鼓励学生之间的互动，可以将一个孩子的问题抛给全体孩子共同讨论，也可以采用分组讨论、两两交流等形式，让孩子们有机会多说说话，而让老师也有时间和机会多听听孩子们的话。佐藤学曾说："一个好的课堂是一个交响乐团，每个孩子都有自己的声音，而老师是指挥，让孩子演绎出自己独特的音乐。"

● 当孩子回答出和教师设想不一致的答案时，别急着否定，可以追问一句："为什么？"孩子的回答可能带给你惊喜呢！

改变的难度在于坚持。如果想看到自信而快乐的孩子，如果想感受到孩子的创意给自己的教学带来的无穷活力和乐趣，就请老师们听孩子的话！

（作者单位：上海市宋庆龄幼儿园）

② 和幼儿进行有效的互动

曹亦兵

《幼儿园教育指导纲要（试行）》中明确提出了教师要"关注幼儿在活动中的表现和反应，敏感地察觉他们的需要，及时以适当的方式应答，形成合作探究式的师幼互动"。要实现这一要求，就必须研究师幼互动策略。下面，笔者结合几则教学案例来分析和探讨不同教学情境下的互动策略。

一、改变互动的形式，增加师幼互动的机会

某班进行了一个以"神舟五号"为主题的谈话活动，其中有一个环节是让幼儿两两结伴，互相介绍自己制作的简报内容。出乎教师意料的是，孩子们三言两语就结束了话题，有几个孩子干脆玩儿了起来，课堂上奏起了不协调音……

问题的症结在于互动形式。教师设计这一环节时，采用的是"一对一"的互动形式：幼儿两人一组，一问一答。面对简报上为数不多的几张图片，那些知识经验缺乏、语言表达能力不强的孩子交谈了几句就停止了，可班上少数几个孩子此时却谈性正浓。这种学习步调的不一致势必造成一部分孩子不必要的等待，而等待中的孩子无事可做，注意力自然分散。

在这种情况下，建议教师增加参与互动的人数，扩大互动面，使互动的形式由"一对一"变为"多对多"。这样，孩子就可以三五成群地结伴交谈，谈完了可以找其他小朋友说说，也可以和老师聊聊。在互动内容上，可先组织孩子围绕简报交流，之后可让他们围绕自己收听、观看到的有关"神舟五号"的事展开讨论。如此一来，孩子们的信息量大大增加，课堂气氛也自然就能活跃起来。

二、减少课堂教学中教师的高控制行为，把自主学习、自主思维的权利还给孩子

在由教师发起的互动实践中，教师大多喜欢按照自己的思维模式和事先想好的线路牵着孩子被动地学习。这种由教师高控制的互动模式势必是"标准答案式"的，而且教师对幼儿习得的内容与自己所传授的内容之间的"一致性"是十分看重的。笔者就曾经遇到过这样的案例：

在一次数学公开观摩课上，老师先出示了一张机器人的图片，让孩子数一数图中分别有几个圆形、正方形和三角形，进而引导幼儿讨论最佳记录方法是哪一种。孩子们七嘴八舌，有的说画小雨点，有的说画大象，还有的说画竖线、波浪线、圆点……可老师却这样小结道："画竖线最简单，我们还是用竖线来记录吧。"课后，老师反省了自己的教学设计，意识到自己错过了一次发展幼儿创造性的绝好的机会。

在这个案例中，由于教师自己对什么是最佳记录方法有一个先入为主的预设，因此，在互动过程中，她希望听到"标准答案"。建议教师应允许幼儿有自己选择、自己决定的权利，以便使其真正获得自主学习、自主思维的机会。

三、正确对待教学互动过程中的不同步现象，允许幼儿出错，并将幼儿的错误作为教育的契机

笔者在课堂上发现了这样一种现象：教师对于幼儿"正确"回应的反馈率高，而对幼儿的"错误"回应常常是一带而过，采取回避的态度。以中班数学活动《图形宝宝回家啦》为例，老师让孩子们为图形宝宝分类，有个别幼儿分得不对，可老师熟视无睹，只表扬了那些分得对的孩子，就匆匆进入了下一环节……

作为教师，首先要认识到，幼儿的"错误"代表了幼儿当前的认识水平，而教师不接纳幼儿的"错误"，这对于教学双方都是不利的。因此，在师幼互动过程中，教师要给予幼儿"出错"的权利。当幼儿的回答中出现了"错误"时，教师可以提出来讨论，让幼儿说一说分类的理由，引导幼

儿进一步观察图形特征，从而形成正确的概念。

四、对孩子发送来的信息及时反馈，使师幼互动落到实处

在传统教学中，师幼互动往往仅有一个轮回，即教师提问，幼儿回答。事实上，孩子回答问题后，教师的评价与引导是十分重要的。它既是对幼儿所传递的信息的反馈，也是另一轮师幼互动的起点。比如，笔者所观摩的新授诗歌《摇篮》的教学过程中，当老师提出"我们周围还有什么也像摇篮和宝宝"的问题并让幼儿仿编诗歌后，有个孩子是这样回答的："嘴巴是摇篮，摇着牙齿宝宝。"这样的回答说明孩子缺乏想象力，对诗歌的意境美理解得不够，对怎样仿编诗歌缺乏了解。这时，教师的引导就显得至关重要。遗憾的是，教师未能对孩子的信息及时反馈，因而坐失良机。

五、讲究提问策略，并善于根据孩子的不同回答及时进行调整

传统教学中，教师大多把提问作为牵"鼻子"的绳索，从幼儿的回答中寻求预先设计的线索，作为下一步回答的依据。如果幼儿总是处于"启而不发"的状态，就会出现尴尬的场面。

某教师在教大班《谈话活动："神舟五号"》时，问了这样一个问题："想一想，飞船可以叫什么名字？"幼儿由于没能理解教师的问题，反应不佳。此环节浪费了较长时间，最终还是由老师告知了答案。问题的症结是，当教师发现所提的问题与幼儿的知识、经验不匹配时，不善于根据幼儿的反应灵活降低问题的难度。

如果幼儿对教师的提问不能正确回答，教师就应及时采用提问的退位策略，将"无效问题"转变为"有效问题"。如果将上述问题转化为："以前的飞船叫什么名字？"让幼儿来回答，就既能降低问题的难度，又能为后面的问题做好铺垫。

（作者单位：安徽省合肥市教育局教研室）

3 微笑的魅力

崔玉红

成功学家戴尔·卡耐基曾说过这样一句话："一个人脸上的表情比他身上穿的更重要。"那些成功的人，哪个不是对工作本身充满兴趣与狂热？而那些一开始工作就板着脸，好似痛苦莫名的人，到头来没有一个是成功的。可见，成功的奥秘来自微笑。微笑是人间的花朵，它芬芳动人；微笑是生命的绿洲，它清新怡人。幼儿教师每天面对的是天真、活泼、灵动、可爱又充满幻想的孩子，他们幼小的心灵更是需要微笑。微笑在幼教这个职业里更具独特的魅力。

一、微笑的老师，是孩子最喜欢的老师

孩子的认知是感性的，他们不会从品德、行为等方面去评价一个人，往往仅从一个人的外表便直接得出结论。不管你学历高低，不管你是不是名师，只有当孩子感觉到老师是喜欢自己的，他才可能向你敞开心扉，展示出他心中的秘密，接受你的教育。记得在一次户外散步时，无意中听到两个小朋友的对话，其中一个小女孩说："王老师最喜欢我了，她一看见我就朝我笑。"另一个小女孩说："王老师也最喜欢我，她也一看见我就笑。"说完，两个孩子相互抱着，开心地笑起来……多么简单！在孩子心目中，只要老师天天有笑脸，就是好老师。因为微笑而得到这样高的评价，足以证明微笑的魅力和分量。

当孩子将要离开父母进入幼儿园的时候，老师和蔼的微笑会让这些新入园的孩子消除惧怕心理，获得安全感；当孩子早上来园的时候，老师亲

切的微笑又会开启孩子快乐的一天；当孩子遇事感到紧张或胆怯的时候，老师鼓励的微笑会使他们放松心情，变得快乐和自信；当孩子思考问题或主动做事时，老师赞许的微笑能够给予他们莫大的激励。或许刚刚走上工作岗位的老师会担心："整天对孩子微笑，会不会导致孩子不怕我、不听我的话？"其实不然，老师的威严只会拉大与孩子的距离，让孩子误解老师不喜欢自己，不爱自己。面对一个不爱自己的老师，孩子又怎能靠近你、听你指挥、接受你的教育呢？因此，作为幼儿教师，不要吝啬自己的微笑，有了微笑，孩子少了惆怅，多了自信；有了微笑，孩子少了消沉，多了梦想；有了微笑，孩子少了惰性，多了探寻奥秘的力量。

二、微笑的老师，是让家长最放心的老师

什么样的幼儿园、什么类型的老师能让家长心里感到踏实？曾经有这样一位家长，为了给孩子选择一所理想的幼儿园，他事先选定了五所幼儿园作为考察对象。趁着家长接送孩子的时间，他偷偷溜进园里观察，最后确定了其中的一所。理由就是——他几次考察都发现，这所幼儿园里的保教人员，人人性格温和、服务热情，而且面带微笑，非常有亲和力，其中有位小老师仅和自己的孩子接触了一次，孩子就迷恋上了她。尽管这所幼儿园离他家较远，费用也不低，但他感到物有所值。

在我的幼教生涯里，曾经有这样一件事让我感触很深：有天早晨，我刚打开教室门就听到外面有脚步声。我赶忙迎出去一看，是奇奇和他的爸爸。我感到奇怪，因为以往都是他的妈妈来送他。于是，我问奇奇的爸爸："怎么奇奇的妈妈不来送啦？"谁知他爸爸半开玩笑半认真地说："王老师，奇奇妈妈说，最近几天奇奇在幼儿园里可能不听话、调皮，惹老师生气了，她来送孩子，老师显出不高兴的样子，不那么热情了。这不，她就叫我送孩子了。"随后他又加了一句："我俩都挺忙，家中没人照看小孩。奇奇要是不听话，你就尽管批评吧。"这番话让我吃了一惊。按理，我对奇奇的家长并没有成见，至于男孩活泼、好动、有点儿调皮，那是天性。是什么原

因让我们之间产生了误会呢？哦，原来是前几天，我自己的孩子一连几天高烧不退，累得我无精打采，家长来送孩子时，我失去了往日的热情和微笑。此刻，我真是思绪万千。作为教师，我们要经常以微笑面对家长。只有这样，家长才会放心地把孩子送来，安心地去工作。

三、微笑的老师，是生活中最幸福的老师

人生在世，难免会遇到一些坎坷和不顺，以不同的心态去面对困境，会有截然不同的效果。一位心理学家说："会不会微笑是衡量一个人能否对周围环境适应的尺度。"微笑能够适时地调整人们的心理活动，帮助人们驱散愁闷和烦恼，减轻生活的紧张和压力，追求"乐生"的心态以达到"乐以忘忧"的境界。一个不会微笑的人可能拥有名誉、地位和金钱，却不一定拥有内心的宁静和真正的幸福。只有微笑，才能让我们超越生活表层的无奈，直面人生的辛酸。老师们，展现你们的微笑吧！有了微笑，你们就会拥有人生无尽的幸福和快乐。

（作者单位：山东大学第二幼儿园）

4 疑问比答案更重要

申 芸

　　一次，我从报纸上读到一个美国人写的故事：一天，他的儿子从幼儿园回来，郑重其事地拿出一把水果刀和一个苹果说："爸爸，您知道苹果里面藏着什么？"他不以为然地回答："除了果核还有什么？"这时，儿子把苹果切成两半。通常的方法是从苹果茎部切到底部的凹处，而孩子却横着把苹果一分为二，然后举着切开的苹果说："看啊，里面有一颗星星！"果然，苹果的切面中显示出一个清晰的五角星图案。这个美国人沉默了……他一生中吃过多少苹果啊，然而就在举手之间和这个再简单不过的发现失之交臂。

　　我从这则故事中受到了深刻的启发：使孩子怀揣疑问比给他们一个答案更重要。作为教师，要引导孩子学会提问题，不要急着给出答案，因为让孩子学会学习的方法比学习本身更重要。

　　在这样的思考的启发之下，我对老师们说："在幼儿园丰富多彩的一日活动中，我们教师要经常向幼儿提出问题，引导孩子大胆去思考。"如，老师可以问孩子："鸡有耳朵吗？为什么车轮都是圆的？怎样根据树木辨别方向？蚯蚓有鼻子和眼睛吗？飞得最远的是什么鸟？世界上哪种树木最大、最高？企鹅为什么不怕冷？世界上哪种鸟最小？鸡为什么要吃小石子？……"在让孩子大胆想象并说出自己的想法之后，不要急于公布答案，而应鼓励他们根据问题有目的地去观察事物。先让他们通过观察，自己动手做小实验或与父母一起查找有关资料来寻找正确的答案。然后，在幼儿来园时，教师再组织幼儿一起进一步地讨论，让他们充分发言，并说出自己是通过什么途径知道答案的，让大家共同分享收获的快乐。我特别向老师们强调说："要无限地相信孩子们的潜力。"实践证明，通过老师们的正确引导，孩子们的目光变得越来越敏锐，提出的问题也变得越来越稀奇古怪："下雨太阳到哪儿去了？天热时狗为什么总是将舌头伸出来？母鸡下蛋以后为什么会'咯咯'地叫？白兔的眼睛为什么是红的？狗为什么四处撒尿？为什么月亮、星星总是晚上出来，太阳却总是白天出来？……"

为了鼓励孩子提问，我建议老师做到：首先，对幼儿能认真观察事物、积极思考问题的行为给予充分的肯定，以激发其他幼儿探索的欲望和兴趣；第二，开展"每周小问号"活动，引导幼儿积极探索；第三，倡导"家园同步教育"，鼓励更多的家庭参与其中，为幼儿建立人手一本的"小问号"，将幼儿的日常提问随时记录，比一比，看谁记得多，看谁提得好！

前不久，北京师范大学的陈会昌教授公布了他的《中国城市儿童想象力和幻想科研成果》——千余名小学生在回答"树上有 5 只鸟，猎人开枪打死了 1 只，还剩几只？"的问题时，竟有 99 名孩子说出了所谓的标准答案："一只鸟也没有，因为都吓跑了。"仅有一名小学生的回答与众不同，他说："还有 3 只。因为 5 只鸟是一家人，猎人打死了鸟爸爸，吓跑了鸟妈妈，还剩下 3 只不会飞的鸟宝宝。"

面对孩子们几乎用同一种思维模式得出的答案，陈教授感到十分困惑。他说："当学生们在回答'树上有几只鸟'这个问题的时候，我们往往容不得他们有另外的'无稽之谈'。我们的老师常常会急不可待地将答案一五一十地印在孩子们的脑海里，于是，就有了这唯一的正确答案。我们成人常常喜欢将自己思考问题和解决问题的规则强加给孩子，使孩子自由探究的需要受到伤害，从而扼杀了孩子的创造性思维，造成了几代人沿袭同一个方式去寻求所谓的'标准答案'。"

在我们幼儿园的课堂教学中，我们经常会发现：孩子的回答本来是多种多样的，想象力也是极为丰富的，但我们的老师千问万问，最后总要归纳到自己准备好的"标准答案"中。长期以来，形成了一种"老师问，幼儿答"的有序式交流。反思我们的教育，在鼓励幼儿探索和提问方面，究竟还缺少什么？有句传统的礼貌用语是："我有一个问题，不知该不该问？"你看，话未开口，已经失去了提问的勇气。在这个问题上，我们知道，中美儿童的差异在于面对老师的讲解时的表现：中国儿童用"没问题"表示自己已经听懂了，而美国儿童的不断发问则表示自己不但听懂了，而且能提出问题来。的确，一个看起来幼稚的问题，往往是创新意念的开始。爱因斯坦就曾经说过："提出一个问题比解决一个问题更重要。"童心无忌，童心无拘，纯真中包含着天然的智慧之光。

　　我们每时每刻都生活在思考中。唯有思考，才能辨别是非、真假、曲直。让我们在生活和工作中多一些问题，多一些思考，多一些智慧，多一些创新。

（作者单位：山西省太原市杏花岭区实验幼儿园）

5 保证幼儿一日活动的安全

胡传朵

教师组织幼儿在园的一日生活，看似寻常，其实大有学问。幼儿一日活动包括来园晨间活动、早操、盥洗、餐饮、睡眠、体育活动、学习活动、游戏活动、离园等环节。

我们老师带班一般是组织半日活动。每天带班时，安全最重要，带班质量的高低首先体现在安全上。如果能有效实施幼儿一日生活的安全管理，那么就既能保证教师所组织的半日活动的质量，又能让幼儿的身心健康得到发展。

在此，我归纳了有效实施幼儿一日生活安全管理的建议，共十二点：

1. 晨间入园时，坚持"一看二问三摸四检查"的二次晨检，并安排内容丰富的活动。

教师不要以为晨检只是保健医生的事。幼儿到了班级，教师的二次晨检很重要。由于教师比较了解孩子，通过询问、查看等，既能对幼儿的疾病做到早发现、早治疗，又能了解孩子是否带有异物。若发现幼儿带了易造成创伤的玩具并及时给予处理，就能排除一些安全隐患。

晨间活动的内容安排要丰富，做到既有室内，又有室外，注意动静交替。场地安排要尽量协调，照顾到小、中、大班的孩子，保证孩子既能按年龄特征分场地进行活动，也能分时间段进行活动。此外，活动器械也要科学使用，避免器械成为安全隐患。

2. 组织早操活动时，教师要精神饱满，着装简洁，最好穿运动服装，严禁穿高跟鞋带孩子活动。进行早操之前，教师可给孩子提出操节动作等方面的活动要求。

3. 教师组织集体活动中的室内活动时，应根据活动的内容来选择座位的排列形式。如，动态的活动尽量采用"圆形式"，讲述活动尽量采用"半圆形式"，操作活动则采用"U 字形式"……不同的座位排列形式有利于教师与幼儿的互动和沟通，也能够保证安全。

4. 课间自由活动时，教师的视线要紧跟着孩子，尽量捕捉一些不安全的因素，并及时消除。有些孩子会在室内追打嬉戏，桌角、门缝、玩具柜、饮水机等都可能成为事故隐患。为此，教师可以和孩子一起制定班级常规并绘制标志性的提示图案，使孩子了解规则并努力去维护自己制定的规则。

5. 教师要留意入厕、洗手环节。有的孩子上厕所、洗手时会弄湿衣服，甚至会滑倒在地、掉入便池等，教师可加强卫生间的巡视并及时帮助和提醒孩子。

6. 幼儿在园就餐环节是幼儿园一日活动中既平凡又繁杂的环节，也是孩子们最易兴奋、保教人员较难组织的环节。因此，教师对幼儿餐饮活动的组织与管理显得尤为重要。作为教师，不仅要让幼儿吃饱、吃好，保证幼儿身体发育所必需的营养供给，还要坚持严格执行就餐管理制度，避免出现烫伤、中毒、异物卡喉等事故。在进餐环节，教师要做好餐点前的准备，提前控制好幼儿的情绪，组织幼儿有序地就餐，不随意催促幼儿进餐，对幼儿的就餐要求要因人而异，避免一刀切。

7. 上、下午班教师的交接工作要制度化。教师可以根据幼儿园的实际情况制定表格进行交接，表格项目可以包括人数、服药情况、特殊说明等。教师要特别加强药品的管理。每班都应该有一张幼儿服药登记表，每天早晨由需服药的家长亲自填写并签名，然后把药袋放在规定的、幼儿碰不到的地方。

8. 午睡是一日生活中的重要环节，也是看似相对轻松的环节。活泼、好动的孩子此时终于可以安静了，劳累的教师似乎可以稍作调整，歇息片刻。但是，孩子处在睡眠状态的时段，随时可能发生诸如突然发病、被子捂闷、吞咽异物等意外，因此，幼儿的睡眠安全管理不能"睡着"。午睡时，教师首先要排除午睡环境中存在的危险。午睡前，教师可利用饭后的时间对幼儿进行午检，以防尖锐、坚硬或细小的物品，如，剪刀、小刀、缝衣针、纽扣、豆子等被带入寝室，对幼儿自己或他人造成伤害。其次，教师要加强午睡过程中的巡视，细心观察孩子的一举一动，及时发现问题，避免孩子因突发急病时无人巡视而造成的抢救、治疗上的不及时。再次，教师不得随意离开午睡室，如有特殊情况，应请其他教师代管。

9. 起床之后的整理活动要有条不紊。有序、分步骤是保证孩子安全的重要措施，如，指导孩子先穿上衣，再穿裤子，最后穿鞋子，然后再去小便、喝水。

10. 户外活动时，教师首先要排除活动场地的安全隐患，以免造成意外伤害。其次，要做好活动前的准备运动，以防突然的剧烈运动造成的拉伤、扭伤。再次，要注意活动的动静交替，以防活动过量。孩子在玩大型玩具时，教师一定要维持好秩序。

11. 在组织园外集体散步、参观、郊游等活动时，教师必须做到以下三点：（1）了解沿途路线，尽可能选择较安全的路线。（2）事先请孩子做好外出时的一切准备工作，并进行安全方面的指导。（3）行进过程中要保证前、中、后的孩子都在教师的视线范围内。

12. 离园时，教师首先要控制好家长接孩子的时间，让自己有足够的时间和精力去接待家长。其次，要严格确认接孩子的家长。教师要站在门口，当来接者是陌生人或幼儿表现出犹豫和不愿意的时候，教师一定要谨慎，要会巧妙地问一问来接者和孩子以及家长的关系，了解替接的原因。再次，特殊孩子的交接，如，对于生病的孩子、当天表现异样的孩子，在家长来接时，教师可简单交代孩子的有关情况，但不宜耽误过久。教师如需向家长详述孩子的情况，应另找时间。

（作者单位：安徽省合肥市宿州路幼儿园）

6 捕捉生活中的教育契机

赵　侠

一位名人说过："书有两种，一种是有字书，一种是无字书，即自然界和社会。"我国著名教育家陶行知先生说："花草是活书，树木是活书，飞禽走兽、小虫、微生物是活书，山川湖海、风云雷电、天体运行都是活书。活的人、活的问题、活的文化、活的世界、活的宇宙、活的变化，都是活的知识宝库，都是活的书。"

因此，作为教师，不应该只通过书本或专门的教育活动对幼儿实施教育。在生活中的点滴时间里、一日活动的任何时间里，教师都可以用敏锐的眼光捕捉教育的契机，善于发现幼儿感兴趣的事物、游戏和偶发事件中所隐含的教育价值，把握时机，积极引导，让幼儿在生活中获得有益于其身心发展的经验。

案例一：爱的教育

随着春天的到来，美丽的花朵争相开放，引来一群群小蜜蜂飞来飞去，这当然也引起了孩子们的注意。他们兴趣十足，尤其是住在附近村的英豪和小辉，他们利用中午的时间把白纸折成"m"型，当作小夹子去捉小蜜蜂，然后把"战果"放在废旧的饮料瓶中。而可怜的小蜜蜂有的受伤，有的死去，两个"捕蜂英雄"也受了伤。

中午我回到幼儿园看到他们受伤的小手，看到那简单而富有创意的捕捉工具，又心疼又不知该说什么。我清理完他们的伤口，向班上的孩子提出一个问题："小蜜蜂蛰了小朋友之后，跑到哪儿去了？"孩子们纷纷争着说："飞走了。""又采蜜去了。""躲起来了。"……而当我告诉他们小蜜蜂蜇了人之后不久就会死去时，孩子们都惊讶得喊出声来。我随机编了一个故事，讲了蜜蜂的可爱、勤劳、团结。当听到蜜蜂蜇完人后，毒针会把它的肠子扯断，不久它就会死去时，孩子们的表情一下子变得严肃起来，有的难过地说："多可怜的小蜜蜂啊！"英豪和小辉对看了一下，一起跑到户外把小蜜蜂放了。孩子们都说："我们以后不捉小蜜蜂了，我们要爱护它。""我们要爱护小动物！"

"多么可爱的心灵啊！"我由衷地发出感叹。

《幼儿园教育指导纲要（试行）》中指出，要让幼儿"爱护动植物，关心周围环境，亲近大自然，珍惜自然资源"，而这些初步的意识和情感，正是从生活中的点滴小事培养起来的。孩子们对身边的一草一木都感兴趣，对可爱的小蜜蜂充满了好奇心。他们捉蜜蜂的本意是喜欢蜜蜂，而当他们知道自己的行为会伤害蜜蜂时，他们马上停止，并主动放走了小蜜蜂，这是一个自我反思与自我教育的过程。可以说，从生活中得到的教育和受到的心灵震撼都是令人难忘的。

案例二：捕捉身边的美

上中班后，孩子们的动手能力越来越强，兴趣也越来越浓。我们的区域活动"小小巧手"是孩子们最喜欢参与的，像晓倩、月儿等几个女孩喜欢的"娃娃家"里，她们自己做的小桌子、小杯子、小枕头等等，也越来越精致；有的还请妈妈来帮忙，用彩色的毛线给娃娃织了几件时尚的衣服；更没想到的是，我们的"小小巧手"还引来好多民间老艺人的"加盟"呢！

一天早晨，小亮一到活动室就引起了轰动。原来，他带来了他的太奶奶用废弃物做的小笤帚，它看上去特别精致，非常富有我们沂蒙山的特色。孩子们新奇地围着笤帚看，有的忍不住用小手摸一摸，不时发出"真好玩儿！""好滑呢！""好漂亮呢！""好软呢！"之类的感叹。我故意装作不明白，问道："这是用什么做的？"孩子们纷纷争着说："这是用绑箱子的绳子做的。""是捆啤酒的！"每次有人答出时，小亮都笑着使劲地点点头。受小亮的太奶奶的启发，我们班用废旧物品做了好多艺术品。

一天，亚楠甜甜地喊了我一声，并从背后举出一样东西给我看。"哇！"我眼前一亮，和周围的孩子一起喊起来。多么精美、细致的剪纸！一朵朵梅花婀娜多姿，一只只喜鹊栩栩如生。亚楠自豪地告诉我们，这是她的邻居奶奶为她剪的。在生活中，这些古老的民间艺术展现出了其独特的魅力。大家一起欣赏了民间手艺——美丽的剪纸，之后，孩子们非常想让老师教他们剪纸，于是一场别开生面的"巧手活动"开展起来。

根据孩子们的兴趣，我有意识地引导幼儿主动观察周围环境所蕴含的自然美，着意选择反映本地特色、适合幼儿生活经验和接受水平的美术作品供大家欣赏。结果，我们发现了周围生活中好多心灵手巧的人、好多具有民俗特色的作品，如，老虎帽、泥哨、绣花鞋垫、蒙山小推车、用废旧酒盒缝制的各种灯笼……这种寻找的过程既培养了幼儿的审美能力、想象力和动手能力，也使他们对家乡的热爱之情油然而生。

折折、剪剪、画画、贴贴，这些活动激发了幼儿的审美情感，促进了他们对作品的色彩、造型、构图等方面的认识，使他们对于对称、均衡、和谐等形式美有了初步的概念，从而感受到了生活中美的不同表现方式。更重要的是，这些活动培养了孩子们对民间艺术的热爱之情。可见，在幼儿的一日生活中，处处有美好的事物，只要细心就会捕捉到，因为——美就在我们身边。

（作者单位：山东省临沂市平邑县教育局）

7 别让孩子产生不良的"感觉"

许慧芬

　　阳台上，小朋友结束了游戏，正在收拾玩具。这时，一个小朋友不小心把玻璃球弄翻了一地，很多小朋友都过来帮忙，他们纷纷把捡到的玻璃球放进盒子里。宏斌小朋友也过来帮忙，但他动作比较慢，他还没来得及把捡到的玻璃球放进盒子里，思怡就走过来，凶巴巴地说："你这个大笨蛋，怎么又把玩具弄翻了？"说着，她猛抢宏斌手里的玻璃球。我忍着，等小朋友收拾完玩具后，我问他们："刚才是谁把玻璃球弄翻的呢？是宏斌吗？"那些小朋友说："不是。"我就问思怡："到底是不是宏斌把玻璃球弄翻的呢？"思怡不语，但表现出不服气的样子。我又问小朋友："为什么思怡说是宏斌呢？"诗峥回答："是感觉的。"我又问："那你们为什么感觉是宏斌呢？"东洋说："就感觉是他的……"这种"感觉"，你是否领教过？我已经领教过多次了，而且，我深切地感受到：这种"感觉"来自于教师的"感觉"。

　　有一次，我们在讨论教师职业道德规范时，一个老师就反省，我们经常凭主观感觉批评一些有明显缺点的孩子，总认为坏事都是这些孩子造成的。因此，一旦孩子之间发生争执、纠纷或争抢玩具时，首先挨批评的就是那些有明显缺点的孩子，从而导致了这些孩子经常被同伴告状、指责。这很不好。我们要改变这种行为，避免对这些孩子造成不良的影响。如何改变，如何避免呢？作为教师，我们应该认真审视我们的教育行为，尽量减少孩子的不良"感觉"的形成。

　　有一天，我走进小班活动室，小朋友和往常一样，纷纷围上来告状：

"海洋打我了。""海洋又把点心泡到开水里了。""海洋今天又被老师批评了。"……我问海洋："这些是真的吗?"海洋听了,不但不理会,反而很得意地摇起椅子。我让他坐好,他却一点儿都不在乎,还是继续跷着二郎腿摇着他的椅子。于是,我问海洋："你想让老师表扬你吗?"海洋点点头。我接着说："要想让老师表扬,就应该坐好,应该和小朋友友好相处,你能做到吗?"海洋点点头。我回头对小朋友说:"海洋也是会进步的,不信你们看看,他能坐好了!"海洋一听,果真挺直身子,把手放在大腿上坐好了。我马上肯定地说:"你们看,海洋不是进步了吗? 海洋是会进步的,我们一起来帮助他好吗?"小朋友都点头说:"好!"过了几天,我又进教室,走到海洋跟前,问其他小朋友:"海洋是否进步了?"海洋赶紧挺直身体,小朋友说:"他有进步了!"

开始的海洋为什么无动于衷呢? 那是因为他对教师的批评和同伴的告状已经习以为常了。例子中海洋的进步,虽然是暂时的,但小朋友已经不再"见风就是雨"了,也不随便向老师告状了。这是因为我们以正面的态度为海洋树立了形象,让海洋有了信心,也让同伴能用正确的眼光看待海洋了。

有一天,我看到新月小朋友独自一人在教室里。我问她:"你为什么没有参加游戏活动呢?"她说:"老师不让参加。"我带她到场地,小朋友围上来说:"新月偷东西了,老师不让她参加游戏。"我告诉她:"不经小朋友同意,随便拿别人的东西是不对的。"过了几天,别的小朋友都在做游戏,她又一人在教室里。我问她为什么时,小朋友围过来说:"她又偷东西了,这已经是第四次了!"我问她:"拿了别人的什么东西?"小朋友说:"拿了糖果。"我把她带到旁边,悄悄地问她:"是不是很想吃别人的糖果?"她点点头。我又问:"有没有经过别人的同意?"她摇摇头。我又问:"这样做对吗?"她又摇摇头。我说:"你想吃糖果,可以告诉妈妈,妈妈会给你买,但也不能经常吵着吃。而如果想吃小朋友的,要经小朋友同意,小朋友同意了才可以吃,否则老师会生气的,小朋友也会不喜欢你,知道吗?"她点点头。我接着说:"我相信你以后不会再拿别人的东西了,能做到吗?"她又点点头。

之后,我和新月的班级教师进行了交流,并达成了共识:在孩子面前批评、指责她,甚至把她自己一人留在教室,这样的做法不但没有阻止她拿别人的东西,反而给她制造了拿别人东西的机会,强化了她拿别人东西的行为,还会让同伴鄙视、讨厌她。因此,对待这样的孩子,要私底下帮助她分清是非,淡化"偷"的意识,从而避免此类行为再发生。在老师的努力下,我再也没有看到她独自一人在教室里了,也没有听到小朋友说她偷东西了。反过来,如果教师仍然沿用以往简单的批评和纠正方式,久而久之,同伴将认定"新月是个偷东西的坏孩子",而新月呢,虽然不能参与游戏,却得到了偷东西的机会。这样下去,问题就会越来越严重了。

孩子的经验贫乏,判断是非的能力差,他们认定老师说的一定是正确的。教师批评、指责有缺点的小朋友的行为和态度,将会潜移默化地影响着其他孩子,使他们认定那些孩子就是"坏孩子",并凭感觉紧盯着那些孩子的缺点,排挤和孤立缺点明显的小朋友;而有明显缺点的孩子将会变得习得性无助,认为自己就是个坏孩子,故而破罐子破摔。因此,对于缺点明显的孩子,教师不要当众批评和指责,而是要正面引导和教育,避免其他孩子产生不良的"感觉"。同时,教师要克服凭"感觉"简单处理事情的行为,要冷静了解事由,尽量采取"个别谈话"和"暗示"等形式来帮助缺点明显的孩子认识和改正错误,避免"孩子是被骂坏的"这种现象的发生。

(作者单位:福建省泉州市鲤城区传春幼儿园)

8 巧用教具

刘乐珍

在课堂教学中恰当地运用教具，能增强教学的直观性，帮助教师突破难点，突出重点，减轻幼儿记忆和理解的负担，激发幼儿的学习兴趣，提高课堂效率。因此，每位教师都应该在自己的教学中积极地运用教具。

但现实中也存在一些教师，他们对教具作用的认识和理解出现了偏差，如，认为"教具用得越多越好，形式越多越妙"，有的园长甚至会硬性规定教师必须带着教具进课堂。这造成了有的教师不管教学是否需要，将教具通通搬进课堂。其结果是，教具转移了幼儿的注意力，使课堂教学偏离了主题，使教具应有的作用没有发挥出来，反而喧宾夺主，影响了教学目标的达成。因此，有专家认为，教师在运用教具时应注意以下几点：

1. 目的要明确，切忌为了演示而演示（为了有教具而做教具）；
2. 运用教具应适度、适量，切忌喧宾夺主；
3. 教具的选用和操作要能给幼儿以美感；
4. 教具应便于收集、制作和操作。

由此可见，教师不必将更多的精力用于设计和制作新奇、时尚、精美的教具，而应理性地思考教具的实用效果，挖掘教具的用途，学会充分利用资源，巧用教具。如，教师之间可开展合作交流，同教材、同年级的教师可集体备课，教具可实现共享。这样既节省了教师的时间，也使幼儿能够充分享用各种有趣、有用的教具。又如，教师在教学中可充分利用网络资源，享受现代教育技术带来的便利。再如，教师可以多运用简单、灵活且多功能的教具，用拼、摆图形的方法帮助幼儿学习、掌握动态人物、动物的画法；用节奏图卡帮助幼儿学习、掌握节奏；用乐器图卡帮助幼儿探索学习打击乐配器方案；利用报纸作为运动器械，让幼儿进行钻、爬、跳、跨等基本动作的练习……

以下是香港幼稚园幼班教师巧妙利用幼儿美术作品作为教具，有效开展教学活动的课例，期望大家从中获得一些启示。

活动名称：煮饭歌

教学目标：

1. 乐意参与游戏活动，唱出歌曲《煮饭歌》；

2. 初步尝试创造性地演唱歌曲，学习替换歌词；

3. 探索两人用身体的不同部位合作运送"食物"的方法。

活动流程：

导入活动，引起动机（教师：今天我们要请朋友吃晚餐，现在我们一起到超级市场去买菜。超级市场里的菜是幼儿美术活动完成的作品）——复习歌曲——学习替换歌词（将原歌词用幼儿买回来的菜的名称进行替换）——体能游戏运送食物（幼儿两人一组，探索两人用身体的不同部位合作运送"食物"的方法，如，两人头顶头夹着食物、肩靠肩夹着食物等）——整理活动。

作为贯穿整个活动线索的"食物"（到超级市场买食物——用食物名称进行歌词替换——体能游戏运送食物），教师原先是准备分别用大量的塑料玩具食物以及自己画的不同食物的图片作为教具的。但在集体研讨时，大家认为，大量教具在课堂上搬进搬出会分散幼儿的注意力，也会造成教学环节间的不紧凑，因此，决定让幼儿在这次活动前开展一次绘画活动——"美味食物"，以便将幼儿的作品作为这次活动的教具。

在活动中，我们发现：让幼儿在活动中用自己的作品进行学习和游戏，这一安排更能够调动他们参与活动的积极性，也更能够激发他们活动时的愉悦感和成功感。这一安排不仅将幼儿园的音体艺活动有机地结合起来，也减轻了教师制作教具的负担，让教师可以将更多的时间和精力用于研究孩子、研读教材和实施有效的教学活动。

教学有法，教无定法。教具最终是为教学服务的，因此，愿我们的教师能巧用教具，不为教具所累。

（作者单位：安徽省合肥市长江路幼儿园）

9 如何合理地批评幼儿

陈 琪

批评是教师常用的一种教育手段。能否抓住幼儿的心理,讲究批评的艺术;能否适时、适当地对幼儿进行批评;其教育效果是大不相同的。下面,我们将通过一些案例来进行简单的分析。

案例一

中一班的孩子们在进行餐前准备——洗手,几个男孩子趁老师不注意开始玩水,结果不仅自己的衣服被弄湿,其他小朋友也未能"幸免于难",纷纷跑到老师那里告状。老师快步走进盥洗室,大声训斥起来:"谁让你们玩水的?把衣服弄湿了怎么办?就你们几个整天调皮捣蛋,以后再玩水就把你们关在里面让你们玩儿个够。说,下次还玩儿吗?"几个孩子你看看我,我看看你,忙说:"下次不敢了。"可是,没几天,这些孩子又开始重复着他们喜欢的玩水活动,批评后照旧保证说:"不敢了。"

先从批评方式上来分析:这位教师采用的是许多教师常用的吓唬式批评。教师希望用自己严厉的语言、满脸的怒气使幼儿感到害怕,从而使幼儿屈服并改正错误。这种批评方式往往可以使幼儿较快地承认错误,但那只是暂时的,过不了多久,幼儿又会犯同样的错误。这样一来,教师可能会使自己的批评强度升级,由语言的吓唬发展到行为的吓唬。我们常常会发现,有的孩子被教师强行送往园长办公室或其他班级。其实,我们教师应该意识到，吓唬并不能起多大的作用，因为幼儿在被吓唬几次后就会发现那只是老师嘴上说说而已，事实上是不可能那样做的。渐渐地，幼儿对教师的话便开始不相信了，而教师的威信也就失去了。

再从批评的言语上分析：这位教师批评幼儿的语言与幼儿的错误关系不大。她的话语并没有明确地指出幼儿错在哪里、这样做的后果是什么、应该怎样做，而是试图让幼儿互相"揭发"，并加以威胁。这样的批评常常会导致幼儿将自己该承担的责任推卸给别人，同时迫于教师的威严承认错误，而他们并没有真正认识到自己错在哪里，也难以从内心真正意识到要改正这个错误。所以，批评幼儿的语言要直接、具体、浅显，要能保证幼儿在最短的时间内知道自己的错误所在，知道怎样做才是正确的。

案例二

下午，教室里有的幼儿很快地吃完了点心，也有的还在吃着点心，喝着牛奶。吃完的幼儿三三两两地围坐着玩插塑玩具。不一会儿，几个男孩搭好了各自的手枪，开始了"枪战"游戏。他们从坐着到站着，最后忍不住在教室奔跑、追逐起来。突然，一个站着喝牛奶的幼儿被撞了一下，杯子掉在了地上，牛奶泼到了身上。老师见此情景，不由分说地将他拉到面前开始批评道："你怎么这么笨？喝牛奶都不会，吃饭你最慢，吃点心你也最慢，你就像一只慢慢爬的小乌龟……"幼儿几次张嘴想要解释，都被老师制止了。最后，孩子委屈得哭了起来。

这个案例中，教师的批评方式比较典型。这种方式的特点鲜明：一是不了解情况，想当然地批评；二是翻旧账；三是不尊重幼儿。

教师批评幼儿应该以尊重幼儿为前提，因为幼儿是有思想、有意识的个体。教师在批评幼儿之前一定要将事实了解清楚，当批评不符合事实时，要允许幼儿进行解释，不能强迫幼儿接受批评。在批评的过程中，要以当前的错误为内容，就事论事，不要以偏概全，翻旧账，否定幼儿的一切，更不能轻易地给幼儿贴上"标签"，那样不仅于事无补，还可能引发其他问题。短期来看，这种方式可能会引起幼儿的不满，激发幼儿的逆反心理，有的幼儿会用消极的方式对自己进行保护，甚至会对告状的幼儿进行报复等等；长远来看，这种方式不仅会伤害到幼儿的自尊心，还会对幼儿的性格形成产生不良影响。

著名教育家马卡连柯说过："批评不仅仅是一种手段，更应是一种艺术，一种智慧。"下面给出几条建议，希望能对大家有所帮助。

1. 尊重幼儿的人格，要记住批评的是"行为"而不是"人"。

2. 抓住批评的时机，在幼儿刚犯错误并对其所犯错误记忆犹新、深有体会时进行。

3. 批评要抓住要害，简明扼要，先扬后抑。批评前尽量先表扬一些优点，这样孩子才乐于接受。

4. 批评幼儿要冷静，不能过于情绪化。

没有不犯错误的孩子，孩子犯错误是难免的，并不可怕。只要每一位老师都能用自己的爱心、耐心来包容孩子，运用正确的批评方式来教育孩子，帮助孩子改正错误，相信他们就能更加茁壮地成长。

（作者单位：安徽省合肥幼儿师范学校）

10 有效运用教学指导语言

吕秀云　李红岩

在幼儿园中，教师对幼儿的指导有两种途径：言传和身教。"言传"就是通过语言对幼儿进行指导、教育；"身教"则是通过示范、演示等有目的的行为对幼儿进行指导。幼儿园集体教学中多以语言指导为主，行为指导有时也是伴随着语言指导进行的，所以，语言指导在教师的指导行为中显得尤为重要。我想从教师指导语言的不同种类这一层面来提几点建议。

我认为，教师的指导语言大体可以分为：导入语言、过渡语言、提问语言、小结语言和富有教育机智的语言。

一、导入语言

教师的导入语言就像是一个引子，它能巧妙地将幼儿引入话题或情境之中，从而帮助教师有效地实施教学活动。它可以是直接导入，也可以是间接导入。

运用导入语言时，首先应该注意语言的简练，要避繁就简，力求开门见山。如，在引导孩子学习画公共汽车时，有的教师先请孩子猜关于"车"的谜语，又请孩子说说自己喜欢什么样的"车"，最后好不容易引到"公共汽车"上，至此才开始真正的活动。这样的导入语言就有点儿绕来绕去的感觉，弄得孩子不知道到底要做什么。

其次，导入语言要有情境性，要借助于情境使语言更生动、形象，要为幼儿创设想说、敢说、爱说的语言环境。如，引导孩子认识龋齿的时候，可以创设"牙疼"的情境，在"他怎么了?"的语言引导下进入活动。

另外，教师在语气和语调上要调动幼儿的积极性，激发幼儿参与活动的兴趣。同时，教师的指导语言还应该兼顾幼儿的认知特点和语言发展水平。

二、过渡语言

过渡语言可以分为自然过渡和转折过渡两种。过渡语言要起到承上启下、使各环节有机联系的作用。自然过渡时，上下两个环节的内容要有联系；转折过渡时，教师的语言要有兴趣性、启发性和情感性，以达到调动幼儿的积极性，激发幼儿对下一环节产生浓厚兴趣的目的。

特别要注意的是，要把握好过渡语言的开放性，要让每个幼儿都能理解意思并向预定的方向发展，要体现过渡语言的引领价值。

三、提问语言

提问语言包括开放性提问语言、发散性提问语言、层次性提问语言、启发性提问语言、重复性提问语言、针对性提问语言以及幼儿情绪不高时的提问语言（刺激性语言）。

开放性提问语言要面向全体小朋友，要能激发起每个孩子的兴趣。面对这样的提问，每个孩子都能回答上来，每个孩子都有参与和表达的机会。如，"每个福娃都有自己的名字，他们分别叫什么?"或"小鱼在哪里游泳?"等。

发散性提问语言要简练、清晰，要能激发每个幼儿根据自己意愿和想法回答问题的兴趣和愿望。如，"你最喜欢哪个福娃? 为什么?""小朋友怎样邀请世界各地的朋友来中国?"等。

层次性提问语言要求句子不要太长，要简练，同时要规范、科学。教师提问时，或从整体到部分进行，或递进式进行，要体现出层次性。

在教师的提问语中，还有一种是启发性的提问语或者叫点拨语。在关键处点拨、启发，能让幼儿有"柳暗花明"的顿悟，帮助他们走出思维的盲区，从而获得知识和情感的"高峰体验"。教师在使用这样的语言时，要适时、适度，应以协商、激励的口吻给幼儿以适当的提示，千万不要"没完没了"、"不厌其烦"地提问；尤其是针对个别幼儿出现的情况，不能面向集体，而应该单独启发或点拨。教师使用的语言本身及当时的语气、语调等，均能激发幼儿的想象，诱发幼儿的联想。如，"他们为什么叫这样的名字？""海洋就是贝贝的家，贝贝可以参加什么项目的比赛？"等。

教师通过提问语言及提问模式的重复，可以让幼儿更好地理解教师所要表达的意思，以达到信息交流、情感表达等目的。如，"贝贝是什么动物变的？晶晶是什么动物变的？迎迎是什么动物变的？"等。

教师还要根据活动的内容、幼儿的年龄特点以及每个幼儿的不同发展水平有针对性地进行提问。提问语要既能促进幼儿的想象和思考，又能带动活动的深入发展；要既能为幼儿提供参与的机会，又能保护幼儿的自尊心；要既能增强幼儿的自信心，又能培养幼儿的成功感。

当幼儿情绪不高时，教师的提问语应当具有激励性和趣味性。同时，教师自身的语言要有情感，要能感染幼儿。

"教师提问，幼儿回答"是教学活动中不可缺少的一种形式，但是作为教师来讲，千万不能无疑而问，更不能明知故问。教师的提问语言要对幼儿理解活动的要求、内容以及有效地参与活动起到重要的引导作用。

四、小结语言

当个别幼儿回答完问题后，教师要用小结语言肯定或者是婉转地否定幼儿的回答。同时，小结语言中应该有对幼儿闪光点的鼓励和对其回答内容的提炼和提升。

在面向全体的小结语言中，教师要针对整个活动进行比较全面的总结，但也应该对语言进行一定的概括和提升。小结时，要抓住核心，突出亮点，可以是肯定的、赞赏的、鼓励的，也可以是批评的、否定的，要让小结语言起到画龙点睛的作用，切忌"面面俱到"。

阶段性的小结语言可以由教师直接总结，也可以由教师和幼儿共同总结。对阶段性的语言进行概括和提升时，教师要注意用语简练、规范、准确、有逻辑性，要突出重点，表达得恰到好处，同时要简单、易懂，以帮助幼儿掌握正确的概念或信息，切忌"颠来倒去"。

　　此外，教师的指导语言中还包括遇到突发问题时的富有教育机智的指导语言。对于突发问题，教师可以直接进行正面的回答。当然，如果没有肯定的答案，也可以婉转地回答，如："老师先不告诉你们，回家后小朋友去查查资料，看谁能找到问题的答案。"

（作者单位：山东农业大学幼儿园）

不可忽视的教学细节

王　俐

在大班的一次科学活动——《有趣的管子》的导入活动中，教师用手指着地毯上摆放的各种各样的管子对幼儿说："这儿有许多管子，请你们去玩玩吧！"结果，大多数幼儿拿到管子后一脸茫然地站在那儿，东瞧瞧，西看看，个别调皮的孩子则把管子当成"鞭子"来回摇摆，甚至互相追赶、打闹……

为什么会这样呢？原因就是——幼儿活动前，教师的要求不够明确、不够具体。教师只是告诉幼儿"请你们去玩玩吧"，可玩什么、怎么玩儿，幼儿根本不明白。教师预设的操作和探究活动演变成了毫无意义的"玩"，而"通过操作让幼儿感知管子的外形特征"这一目的根本无法达到。

于是，在跟进教学时，老师这样对孩子说："请你们也去玩玩管子，看一看管子是什么颜色、什么形状的；再用手捏一捏、摸一摸，看看你有什么感觉；也可以和别的小朋友讨论一下，看看还会发现什么呢？"

教师刚说完，幼儿便立刻围在地毯的四周，自由地挑选自己喜爱的管子玩儿。他们有的用手捏管子或用腿压管子，有的把管子拿在手中弯来弯去或将其一圈一圈地绕在手臂上，还有的三三两两地在相互比较："我的管子是红色的，长长的……"孩子们十分投入地感知不同的管子，教师也饶有兴趣地加入到孩子的活动中，不时与幼儿低声地交流着。

案例中，在跟进教学时，教师只是调整了指导语，在活动前明确地告诉了幼儿在操作时要先看一看管子是什么颜色、什么形状的，再用手触摸管子，亲身体验捏一捏、摸一摸管子的感觉，还鼓励幼儿大胆地和别的小朋友讨论，找找有什么发现。正是教师这样具体的要求，巧妙地为幼儿搭起了"玩"的"支架"（知道操作时要干什么），渗透了"玩"的方法（看、捏、摸、讨论），使得幼儿在自由、宽松的探索环境中目的明确地进行着活动，在整个活动过程中处于主动地位。一句看似简单的环节过渡语，也许并不是教师设计活动方案时反复推敲的语言，但它竟有着如此重要的作用。若忽略了类似细节中的语言运用，我们的教学活动就无法出彩！

幼儿在充分操作并感知了管子的外形特征之后，教师便组织他们交流、分享探索的过程和结果。她先请幼儿跟旁边的小朋友说说自己手里的管子是什么样的，在环视幼儿后，教师则蹲下身子，和幼儿手拉着手，笑嘻嘻地仔细倾听他们的交谈。

过了片刻，老师说："谁愿意和大家说说自己的管子有什么特点？"幼儿纷纷举手，异常踊跃。当一名幼儿说出自己管子的颜色时，老师立刻把他请到台上，接着问："你们的管子的颜色和他的一样吗？你们的都是什么颜色，举起来给大家看看！"幼儿开心地举着自己的管子，争先恐后地说："我的是黑色的！""我的是橘红色的！""我的是蓝色的！"……当一名幼儿说出自己的管子是"长长的"时，教师追问道："管子是一样长的吗？"并鼓励幼儿将管子和旁边的小朋友的比一比，再找自己的好朋友的比一比，在比较中感知管子是否一样长。

当有一名幼儿说出自己的管子是"软的"时，教师立刻让所有拿软管子的幼儿到自己的身边，说："我们一起跳跳舞吧！"对于那些坐在小椅子上的幼儿，老师又建议他们互相敲打"一起唱唱歌"……幼儿在教师的引导下，看啊，比啊，说啊，相互分享、交流着对管子的认识。

案例中，教师的"蹲"、"手拉着手"、"笑嘻嘻地倾听"等细节动作，拉近了她与幼儿之间的距离，使孩子们的精神和心理得到放松，从而敢于大胆、自然地表达自己的看法。

在整个互动过程中，我们可以真切地感受到：教师总是满怀激情，积极、主动地投入其中。她与孩子交流时的笑容让人感到舒心，她的眼神给人以信任和鼓励。在活动中，她时刻关注着每一个孩子，始终以自己的情绪感染着他们，尤其是最后和孩子们一起举起管子跳舞、唱歌，这充分调动起了全体幼儿参与的积极性。正是教师积极的参与和真心的引导才使真正有效的互动得以形成。可见，我们的教师在与幼儿互动时的态度、情感十分重要，它是建构有效互动的关键。如果没有教师积极、深入的参与，"师幼互动"也就只是形式上的"互动"，不利于孩子的发展。

总之，一次成功的教学，需要付出大量的心血。作为教师，不仅要慎对教学的每一个环节和流程，更应该关注那些看似简单的细节问题。

关注教学细节，就是要关注我们在活动中习以为常的一句话、一个眼神、一个动作、一个微笑，关注我们在教学中的每一句评价、每一次互动。这些细节都能反映出教师的教育理念，体现出教师的教学策略。因此，教师在设计每一次活动方案时，都要注重教学细节的预设，让细节成就精彩的课堂；同时，教师在课堂上要及时捕捉精彩的细节，善于发现并利用课堂上孩子的亮点甚至缺点，巧妙、准确地接过孩子抛过来的"球"，让这些细节为精彩的课堂增辉。

（作者单位：安徽省合肥市双岗幼儿园）

12 正确对待孩子的谎言

许慧芬

经常听到家长反映这些问题：自己的孩子被别的小朋友打了，班级的教师不理会；午饭时老师不让孩子吃很多；午睡时保育员阿姨不让孩子去小便；孩子的衣服被哪个小朋友撕破了……每次反映这样的问题时，家长们还理直气壮地说："孩子是不会撒谎的！"可这些"事实"却让教师、保育员阿姨觉得委屈。到底是教师、保育员阿姨工作不到位，还是孩子说谎了？我们先不作结论。现在，我把亲眼看到的一幕告诉大家，看看孩子是否会说谎，为什么会说谎。

有一天放学后，本园的一个老师带着她那刚上幼儿园小小班的儿子到办公室，这个老师和我们在讨论一些事情，她儿子就在旁边玩牙签盒。结果，孩子不小心把盒盖子抽开了，牙签撒了一地。我故意问他："是谁把牙签弄到地板上的？"这个小朋友不假思索地指着妈妈说："是妈妈！"我不禁感叹："好厉害的小家伙！"这个同事还告诉我们，儿子在家把东西弄翻在地时，还会在暗地里求爸爸替他承担下来，以免受妈妈的责罚……

事实证明，孩子是会说谎的。我曾经把这个观点发表在博客上，很多博友也以自己孩子的例子证实了它，而且表示自己经常受到孩子谎言的困扰。如，上面提到的家长的告状，经常使教师、保育员有口难辩，使园长为难。而当教师和家长知道孩子会说谎时，他们便担心："孩子小小年纪就会说谎，以后那还了得！"

如何对待孩子的说谎问题，避免受孩子谎言的困扰呢？

案例一

　　有一次，一个家长怒气冲冲地向我告状说他儿子的腿被保育员弄在床沿上撞伤了。开始时，我们觉得这个保育员很不像话，但后来冷静一想，又请家长和孩子过来核实了情况，才发现，必须把孩子的腿扭过180度才有可能撞到床沿而使他的小腿内侧受伤，但这是不可能的。我们把这个事实摆在家长面前，家长这才息怒了。但这个伤是哪里来的呢？原来是小朋友搬椅子时碰到椅子腿弄伤的。家长一看到小孩的腿上有伤，就急切地问："是谁打伤你的？"小孩随口就说："是阿姨。"

　　上面的案例中，家长对孩子的关切之语，不仅让孩子产生了避免受到责骂的心理，而且暗示了孩子是有人打伤他的，所以孩子情急之下说是"阿姨"打他的。如果家长能够冷静又关切地问孩子："怎么受伤了？"孩子可能就会把事情原原本本地说出来。所以，面对类似的情况时，我们不能急于下结论，而应该了解事情的来龙去脉，冷静地澄清事实。

案例二

　　我经历过两次关于孩子"打人"的告状。其实都是孩子在走跑转动之间产生的磕碰，而被碰到的孩子却哭诉说："他打我！"面对哭丧着脸的和不明就里（他不知道自己碰人了）的孩子，我抚摸着被碰的幼儿的头说："很疼是吗？但我看到了，他不是故意的。"而后，我对碰人的幼儿说："你刚才碰到人了，你该怎么办？"碰人的孩子自觉地说："对不起"。这样，被碰的孩子不哭了，碰人的孩子也消除了委屈的情绪。

　　事后，我想，如果我没亲眼看到事情的经过，而指责告状的"乱告状"，或指责碰人的"干吗打人"，那样肯定会引发新的争端，让两个孩子对打人与否争执不休，而教师的处理方法则将会是"各打五十大板"。

我觉得，如果孩子老是说谎，原因很大程度还在于我们成人，因为我们成人（教师、家长）动不动就以呵斥、惩罚的方式来指责孩子的不是。孩子怕被批评、怕受到责骂、怕成人生气，加上孩子的受暗示性很强，因此，当他们不知所措时，为了避免责罚，他们就顺着成人的思路寻找对策以解脱自己——说谎，把责任推给别人。因此，我们应该认识到，孩子的说谎很大程度上不能被理解为其品质的低劣，我们应该从孩子的年龄特点和生活经验来认识这个问题。如果孩子出现说谎的情况，我们就不应去强化这个问题，而应顺着孩子的心理需要去淡化它。当然，我这样分析，不是全盘否认家长所反映的事实，我分析的目的，主要是想让教师和家长能够清楚孩子说谎的原因，能够正确对待孩子说的"话"和反映的"事实"，从而有针对性地帮助孩子解决问题，促进孩子的身心和谐、健康地发展。

（作者单位：福建省泉州市鲤城区传春幼儿园）

挤一点儿时间来反思

幼儿教师本身必须在自己的工作岗位上努力促进真正的文化教育事业，进行终身自我教育。这对教师来说，是一种义不容辞的神圣职责。

——第斯多惠

1 挤一点儿时间来反思

王敬云

生活中，我们不可能把每件事都做得尽善尽美，有的会留有遗憾，有的会失误在先。事后反思，如果下次再出现类似的事情，绝不能再犯同样的错误。任何一件事情都是如此，教育也不例外，只有在反思之中才能见成效。

作为一名幼儿教师，我们的时间每天都被安排得满满的，这是由我们的工作性质所决定的。孩子小、好动，这牵扯了我们很多的精力，使得我们根本没有时间去做其他的事情，这也是很正常的事情。但在时间与反思之间，我们该选择谁呢？如何解决它们之间的矛盾呢？我总结了一些小小的经验，和大家一起分享。

一、见缝插针

一天的工作中，难得有坐下的一瞬间。喧嚣的空间、吵闹的声音，充斥着我们绷紧的神经。组织孩子活动、喝水、如厕，哪里离开了我们的视线都不成。

刚刚结束的一节教育活动，感觉有些不完美。于是，心生遗憾，怎么办？别急，也别懊恼，手头有纸和笔的话，长则一二百字，短则寥寥数语，一个有用的（可能对自己以后的活动有指导意义）活动反思就不成问题了。这用不了你几分钟的时间，很快就能完成，你的视线甚至都不用离开孩子。那么，在你闲暇的时间，根据你记下的点滴，扩充你需要的内容与材料吧！这不是一件苦差事，如果你做顺了，你会感到快乐，那是一种来自心底的愉悦。

这种见缝插针的方法适合在室内进行，孩子们可以按部就班地各忙各的，老师也不用很辛劳。

二、好记性不如烂笔头

一次自由活动中，天天与乐乐发生了矛盾，你简单、粗暴地处理了这个问题。后来，其中一个孩子一直哭，你也知道对他不公平，可孩子们都说是他的不对，你索性听取了大多数孩子的意见。你开始反思自己的所作所为，是哪个环节出现了错误？是哪一个举动左右了自己？你想，你应该接受这次教训，避免以后类似的事情发生；你应该声音柔和地分别询问两个孩子，了解了事情的前因后果后再……大脑在快速地作出反应。"老师，我想尿尿……"一句话，打断了你的思绪，你又全身心地投入到其他工作中去了。以后，同样的事情再次发生，你又开始搜寻处理的办法，脑子里竟然是一片空白……

其实，解决这个问题，一句话就够了。俗话说："好记性不如烂笔头。"无论你当时想得多么完美、多么熟练，也经不起时间的打磨与洗礼，以后可能找不到当时想法的一点儿痕迹。这个时候，一张小纸片就足矣。将你所想的大体意思用一句话写出即可，在以后补充与整理的过程中，再去巩固、加深。它会变成你记忆里的一笔财富。

三、关键词

活动中的不足，游戏中更好的玩法，处理孩子们之间的矛盾可以借鉴的经验……如果当时你真的没有方便的条件记下一两句话，而情况又紧急，怎么办？有时你还在室外的活动场所，除了手机之外，别无其他……

关键词！好，我们就利用它来做事情。一两个关键词，可以帮你解决大问题，而且只用记在你的手机短信里保存就行了。这多方便啊！你开始为你的想法而自豪了吧？

有时，时间就是这样被我们利用，反思也是这样在我们的脑海与手指的灵动之间成形。当然，方法不止以上几种，你也可以是另一种更好的方法的创造者，我讲的这些只不过起到一种抛砖引玉的作用罢了。

鲁迅先生曾经说过："时间就像海绵里的水，只要愿意挤，总还是有的。"的确，合理利用点滴时间，这是许多人成功的秘诀。不积小流，无以成江海。在别人放过那些微不足道的时间时，勤奋者却把它们一一拾起，利用它们成就了自己并不伟大的梦想。

相信，当我们能够正确地处理时间和反思的关系时，我们就已经得到了迅速的成长。当我们把挤时间来写教学反思当成一种快乐时，我们教育的意义就可想而知了。

你是开心的，我是快乐的，如此简单的事情而已。

（作者单位：山东省费县实验幼儿园）

② 园本教研从这里开始

朱家雄

为什么要搞幼儿园园本教研

为什么要搞幼儿园园本教研？当然不是因为教师的工作太过清闲。事实上，幼儿园教师的工作已经太过忙碌和繁重了，重得有点儿让人喘不过气来，忙得有点儿让人感到倦怠了。

有一种说法似乎有点儿道理。教师在教育过程中会面对两种理论：一种是上级部门"所倡导的"先进的理论，另一种是教师自己"所采用的"理论。开展幼儿园园本教研，为的是促使"所倡导的"先进的理论尽快转化为教师在教育实践中"所采用的"理论，以实现先进的教育理念向教学行为的转化。

如果这种说法有道理，那么这样一个逻辑前提是必须存在的，那就是：客观上存在着一种先进的教育理念。但生态取向的教育研究恰恰与上述的观点相悖。生态取向下的观点不迷信公认的权威，不信奉所谓的真理，在"所倡导的"理论和"所采用的"理论之间，更在乎的是"所采用的"理论（或称作"实践性知识"）。它主张通过园本教研，不断去建构和完善属于教师自己的理论，并用以指导自己的教育实践。这样的观点不在乎所作所为是否符合所谓的先进理念，它在乎的是理论在实践中是否行得通，在实施中是否有效；它在乎的是通过园本教研，不断地去反思自己的实践，在解决问题的过程中提高自己的专业素养。

不把"为什么要搞幼儿园园本教研"弄清楚，而只是跟风地去赶时髦，那么，园本教研也许只会成为强加于幼儿园教师身上的又一个额外负担，甚至还有可能成为幼儿园教师的"紧箍"。

幼儿园园本教研应搞些什么

幼儿园园本教研自然是研究教师在自己的教学中所存在的问题，以教师力所能及的策略和方法来解决这些问题，并从这样的过程中获取经验，将其提升为属于教师自己的理论，从而使教师在态度、知识与技能上都发生变化。要这样做，教师个人的"自我反思"、教师团队的"同伴互动"以及专业研究人员的"专业引领"，似乎是三个公认的相辅相成的途径。

反思些什么？教师是反思自己的教学行为是否符合所谓的先进理念，还是反思怎样使幼儿的学习和教师的教学更有意义？有人这样说，只有教师的教学行为符合先进理念，幼儿的学习和教师的教学才会有意义。这样的说法常常导致教师的反思陷入困境。这不仅是因为教师不是理论工作者，在把握理论方面不可能举一反三，得心应手，而且是因为不顾教育情境地将某些所谓的先进的理论演绎成为教育实践，往往是行不通的，甚至是很滑稽的。

互动些什么？教师团队的"同伴互动"，其价值不在于有没有形式上的相互比较、相互询问、相互启发和相互质疑，而在于互动是否有意义。"同伴互动"的意义不在于趋同，也不在于求异。有意义的"同伴互动"是在构筑对话的平台，是在运用教师们共创的话语系统进行交流、沟通、分享和协商。教师这样做，不仅能解决教学的技术性问题，也能在更高的水平上产生"合作学习、共同建构"的意义。

引领些什么？顾名思义，引领就是给人指路。但引领人是不容易当的，更是不容易当好的。引领人要从教育、教学实际出发，把自己对教育实践的感悟和理论的把握用来感染教师，使教师在心灵深处逐渐形成默契和意会。专业研究人员只有真正深入地进行过幼儿教育实践，并对实践性理论有相当的把握，才可能具有引领人的资格。引领人若引领得不好，会将幼儿园园本教研领向歧路。

如何搞好幼儿园园本教研

要搞好幼儿园园本教研，重要的不是有没有搞，而是搞得有没有意义。根据笔者的经验，先从幼儿园集体教学活动着手，着眼于提高幼儿园集体教学活动的水平，反思幼儿园集体教学活动的有效性。这是一个比较可行的办法。

在我国，幼儿园课程改革后，幼儿园游戏和其他幼儿自主活动都得到了加强，这是好事。但是，在不少幼儿园，集体教学活动却被削弱了，甚至被异化了。造成幼儿园集体教学活动水平降低的原因很多，例如，由于强调幼儿自主、主动学习，对幼儿园集体教学活动的重视程度降低了；由于教师被要求做过多的文案工作和科研工作等，他们没有精力去研究和反思集体教学活动的质量了；在还没有能力和条件的情况下，或采用自编"园本课程"的办法，或误选（有的是被迫选用）品质低下的课程和教育活动，等等。

对于缺少园本教研经验的幼儿园教师来说，着手进行幼儿园集体教学活动的园本教研时，可以先进行以下三个判断：

1. 集体教学活动借助的活动材料的品质是否良好？即选取的材料是否经过"千锤百炼"，是否具有"真、善、美"的内涵？

2. 活动目标的定位是否准确？换言之，活动目标对特定的教育对象是否有教育价值？不管活动的目标是重结果还是重过程，这些活动目标必须是清晰的、可达成的，具有可操作性。

3. 活动过程是否切实可行，行之有效？

如果要求再高一点儿，那么，在反思时还可以思考：所设计和实施的幼儿园集体教学活动是否有利于不同水平的幼儿进行学习？是否有利于激发幼儿生成自己的学习任务？是否有利于使集体教学活动与幼儿园其他类型的教育活动融为一体，从而发挥更大的教育功能？等等。

（作者单位：华东师范大学学前教育与特殊教育学院）

3 选择有教研文化的幼儿园

方明惠

人生就像是跑道，有许许多多的起点和终点：启程了，就有了一个起点；停下了，就有了这次的终点。一个年轻教师跨进幼儿园大门的那一刻，他的人生的新起点便自然呈现。年轻教师如同一粒种子，播种在怎样的土壤，就会得到怎样的栽培和哺育。笔者认为，新教师必须选择有教研文化的幼儿园。

教研文化是一个团队或集体在长期活动中所形成、发展和积淀下来的氛围，是所有成员智力背景和文化底蕴的一种总和，也是大家共同遵循的价值观念和行为方式的总和。它重在"化"字，具有润物无声般的浸染与渗透之意味。

一个有教研文化的幼儿园，拥有完善的教研组织架构，拥有高视点的教研管理和教研水平，拥有和谐的教研氛围。对每一位新教师来说，这无疑是一笔十分宝贵的财富——它犹如一个颇具引力的大磁场，能够吸引自己参与其中；它也在一定层面上会给自己良好的心理暗示，帮助自己确定明确而高位的发展目标。

一个有教研文化的幼儿园，必然会有一套较为完整的、系统的、能够体现本园特色的教研制度。作为第一责任人的园长，应通过各项制度的落实和完善，不断推动教师们科学地发现事实、客观地进行分析与研究、切实解决教育教学中的实际问题，以逐步形成独具特色的园所文化。

一个有教研文化的幼儿园，会有一支强劲的研究团队。一批爱岗敬业、乐于研究的骨干教师会利用自身的影响使园内形成良好的教研氛围：大家共同对事物进行观察、解读、分析与思考，尊重每一位教师的"话语权"，鼓励年轻教师"用自己的声音"说话，让新教师充分领略研究的魅力。

一个有教研文化的幼儿园，会给每一位教师提供展示的平台：相信年轻教师的潜能，鼓励他们踊跃参加各项教研活动，给予他们专业上的支持与帮助，为他们提供提升实践智慧的土壤；帮助新教师找到自己的优势和弱点，宽容他们在专业上的生涩，允许并理解他们在实践中可能出现的失误或错误；引发教师们发现、保持并发展自己的优势和进步，及时帮助新教师找到自我、树立信心。

作为刚走上工作岗位的新教师，自身的努力固然非常重要，但不同的环境会对自己的专业成长产生迥然不同的影响。为了让自己更快地成长，请作出理性的判断，擦亮双眼，寻找教研文化浓郁的幼儿园以汲取最丰富的营养。愿大家都能选择好的、富饶美丽的土壤，使自己更好地成长。

（作者单位：安徽省合肥市庐阳区教育局）

4 少一些抱怨，多一些反思

刘乐珍

在香港进行交流协作期间，我每周都会固定去四所幼稚园与老师们开展教研活动。这一天，有两位幼班老师组织的教学活动主题相同，活动设计也一样。这样做主要是想通过课堂效果比较，引发教师关注组织教学的策略问题。从教师对教学活动的组织效果来看，两班的差异的确很大：A班的幼儿始终能以饱满的热情积极、主动地投入活动，能注意力集中地倾听、观看教师、同伴的谈话和表演，游戏时玩得尽兴且有序；B班的幼儿在他们感兴趣的环节能主动参与，但他们的注意力不够集中，不能安静地倾听、观看教师、同伴的谈话和表演，游戏时也不守规则，以至于玩儿不下去。

研讨时，我们共同反思，共同找出问题、分析问题并找出解决的方案。但A班的教师还是抱怨自己班的孩子不如B班的"听话"，认为若是园长能把那几个"调皮蛋"调换掉，自己组织教学就不会那么费劲了。那么，B班的教师有没有反思A班的孩子"听话"背后的原因呢？或许从下面两个画面中可以找到其中的答案。

画面一：抱一抱

按照惯例，放学前，每个幼班的孩子去完洗手间，教师都要帮着他们整理衣服。所不同的是，A班的孩子们排着队不仅等着老师为他们整理衣服，还等着和老师拥抱一下。因为从入园的第一天起，老师每天都会在帮他们整理完衣服后，像妈妈一样亲切地拥抱他们一下。

细细观察中，我发现每个孩子都期盼着老师的拥抱，虽然每个孩子拥抱时的表情和动作不一样：女孩子腼腆一点儿，会把脸蛋轻轻地贴在老师的脸上，甜甜地笑一下；男孩子则会调皮地猛扑上去，紧紧地抱着老师；但他们发自内心的那种温暖又幸福的感受是一样的。也许有人会忽略这个细节，但我真的是被感动了。

A班的老师深情地说："如果有一天我忘了拥抱，孩子们就会跑来提醒我说：'老师，你还没有抱一抱呢！'"是啊，A班的老师用拥抱的方式传递着自己对孩子们的爱，让孩子们感受到了老师和妈妈一样喜欢自己。因此，这个班的孩子特别喜爱上学，特别听老师的话。

A班呈现出有序的管理状态，这得益于教师对幼儿常规养成的注重，如，在幼儿排队准备离园时，教师会明确指出哪一组先来排队，并要求幼儿离开座位时把小椅子放进桌子里。一旦良好的常规习惯养成了，教师就可以更加轻松地工作，孩子们也可以更加愉悦地活动。

画面二：你真棒

今天是圣诞节后孩子们第一天上幼儿园，但A班的孩子情绪非常稳定，没有出现一个孩子哭闹，教师夸赞着每一个不哭闹的孩子"你真棒"。

A班的教师开心地说："好孩子是夸出来的！"的确，在整个半日活动的组织中，我没有听见她批评孩子，她总是和蔼可亲地夸赞着孩子"你真棒"。当然，也不能无原则地夸赞，她对孩子是有明确的要求的，如，在点名时，当听到幼儿响亮地回答"到"时，教师便会使用赞许的方式；而对于没有答"到"的，教师一定会再次点名，让这位小朋友大声地应答后，再奖励他一个"你真棒"。

幼儿在家度过一个长假后，想上幼儿园的态度更多地取决于那里有和蔼可亲的老师和友善的小朋友，大家在一起非常快乐。若是孩子从心理上惧怕老师，惧怕那里不友好的氛围，就算幼儿园的硬件条件再好，孩子也会想方设法地拒绝上幼儿园，通常会用"哭"、"闹"来表示抗议。

A班的教师用自己的"爱"赢得了孩子们的"听话"，用"激励"造就了孩子们的"能干"。当我们在教学中遇到问题时，是否能少一些抱怨，多一些反思呢？

（作者单位：安徽省合肥市长江路幼儿园）

5 要勇于向同事学习

龚蓉雯

我们生命中有三分之一的时间是在工作，这意味着我们有三分之一的时间是与同事们一起度过的。好好把握这段时间，学习你身边的人的优点，可以使自己更快地进步。孔子说："三人行，必有我师焉。"何况是生命中有三分之一的时间与自己相处的同事们呢？关键是要"勇"！

以谦和之心向有经验的老同事学习

有几年工作经验的幼儿教师若想要继续进步，就要熟悉老同事里的人和事，不要多嘴，要多听、多看，要时刻保持着谦虚、好学的态度，多向老同事学习业务知识，学习他们身上的好品质。在课下，可以主动与老同事接触，根据相同的爱好，共同参加一些业余活动。如，和喜欢跳舞、健身的老教师相约去跳舞、健身，或请他们吃顿饭，或在一块儿聊聊天，从而增进彼此间的友谊，也更方便你向他们学习。记得我刚参加工作不久，园里有位老教师特别喜欢学跳舞，我有幸参加了他们的一次"活动"。在活动中，她给了我很多工作、生活上的指点和启发，为我不久的教学公开课提供了很大的帮助。听听老教师在以往工作中的经验和教训，这是在学校和书本上无法学到的。可以说，同事们在教学、生活中的点滴经验将是我们今后工作胜出的法宝之一。

以平稳之心向同辈的同事学习

也许你工作努力，成绩不错，很多人都承认你是敬业的。但是，当新的学期来临时，你发现跟你一同进单位的同事晋升了，而你还在原地踏步。可能情况还要糟糕一点，他比你来得晚，却比你"爬"得快、升得高。再糟糕一点，他居然成了你的领导。这个时候，你心里头一定很不舒服。但是，我们不能公然地表示自己的不高兴，要勇于以一颗平和的心来看待自己的同辈同事。在你发小脾气前，先得想想，自己究竟差在哪里，找出自己与同事之间的差距来，如，你的业务水平或许比同事好，但是你的人际关系、管理能力等是不是和同事有差距呢？遇到这样的情况，不如看看同辈同事的优点，找找同辈同事的长处，勇于面对差距。这样不仅能调适你的脾气，而且能让你有所收获，进而勇敢地向人家学习。只有勇于接受事实，才能发现自己差在哪里，才能追求更好。

记得自己刚调进一家幼儿园时，和我搭班的是个和我差不多大的同事。虽然她的业务能力不怎么样，但是她以前是组长，还当过乡村园的副园长。工作中，大家都感觉她只是个"副班主任"，认为我才是"正班主任"，因为班级中的大小事都是由我做主。但是，经过一个学期的接触，我发现我们班的家长都非常喜欢这个老师，凡事都很愿意和她商量，而且我常常看见她和孩子的家长有说有笑的。学期结束的家长问卷她都是最高分，家长对她的满意度极高。为此，我主动向这位搭班同事讨教，并通过与她聊天找到了自己可以向她学习的优点：对人热情，对家长像对待家人，用心去关心、帮助每一位家长。从这件事中，我真正感受到了：一个人没有真正所谓的优点或缺点，而只是特点。

勇于向小一辈的同事学习

千万不要以为小辈、非专业的同事就是你的"徒弟"辈，现在的小辈非同小可。他们虽没有老教师的教学经验，但他们有勇气、有聪明的头脑和鲜明的特点。有时，我们也该向这些小辈同事学习，如，学习电脑的掌控、课件的运用、对孩子们的亲和度等。所以，这个时候不要羞于启齿，要拿出勇气来向小辈同事学习。如，在一次年级组的教学研究中，我和新来的小陆老师同磨一节课《小狗抬花轿》。她是第一教，我是第二教。看了她的第一教，我感觉到了压力，不是年龄上的，更不是教态、教法上的，而是她上课时的那种亲和度以及把握好自己特长的能力。在向小陆老师讨教后，我的第二教研课也上得格外成功。

每个同事都是我们的一面镜子，在他们身上存在的问题不只是他们的问题，也是我们的作用与认识的结果；每个同事也是一种推力，用从他们那里学习到的或接纳进来的东西把问题解决掉，促进工作上一个新台阶，这也是创新的结果。我们应该时刻带着新的思维观念，勇于向同事学习，否定陈旧的工作方法和思维方法，大胆创新，从身边做起，从手头的小事做起，不断提升自己的工作水平。

（作者单位：上海市金山区康城幼儿园）

6 成就自我的有效途径

陶小玲

在工作中，常常有人抱怨："自己精明能干、付出太多，却得不到园长的欣赏。"他们因此感到惆怅而气馁。请不要怨恨自己怀才不遇。其实，很多人并不是被他人埋没了，而是被自我摧毁了。因为你总想着"自己应该要什么"，抱怨"自己没有得到什么"，却没有问自己："为了从事的职业，自己还缺乏什么？做得够不够？还需要付出什么？"那么，你究竟怎样做才能被人器重，才能获得更多成长的机会，早日成为一名优秀的教师呢？以下八条建议会帮助你成就自我。

一、把工作看成是人生的一种需要

亚里士多德曾指出："幸福在于运动，无论是身体的还是精神的。"一个人一生最大的乐趣不在于做成了什么，而在于享受做事的过程。工作是人生的一种需要，既是为了不断地学习和成长，获得自己满意的的薪水而工作，也是为了个人在集体和社会中获取工作的乐趣和成就感而工作。因此，请每天告诫自己："我需要积极地对待工作，开心每一天，让微笑化解烦恼。"

二、做立即执行的能手

拿破仑认为："天下最悲哀的事就是，当时真应该那么做却没有那么做。"既然工作是人生的一部分，那么只有立即着手，一件一件地完成眼前的任务，你才有可能比其他人更快地接近更大的目标，从而攀上人生的顶峰。"立即执行"不是每个人想做就能够做到的，这有赖于日常积累起来的工作习惯，高效率、高速度都源于这种习惯。

三、尽量少请假

你不仅承载着幼儿教师的职责，还担当着为人妻、为人母或是为父母尽孝的重任。请假是难免的，甚至心情不畅快的时候也会想在家歇歇。殊不知，在工作繁忙的情况下，园长很不高兴下属请假，这种心态是无可厚非的。任何领导都不喜欢下属经常脱离工作岗位，切不可做先斩后奏的自由主义者。请假的方式和频率，往往也成为评价你的重要依据，以此来评定你的工作态度，进而直接影响到你的考核成绩。经常请假一定会造成不好的影响，不仅会影响个人形象，还会消极地影响整个团队的积极性。

四、在工作中力求积极、主动

积极的教师会获得领导的赏识，这是每一个教师都懂得的道理。关键是，你在工作中能否运用"积极、主动"的法则，使自己成为一个热情、主人翁意识强、勤奋、好学、敬业、有思想并能够及时替园长分担责任和压力的人，如此积极、主动的教师一定是令领导满意的。不管你的工作多么卑微，你都当抱以艺术家的精神，当有十二分的热忱。如果这样做了，你就可以从平庸、卑微的境况中解脱出来，不再有劳碌、辛苦的感觉。不肯听命行事和只肯听命行事都是被动的，只要你勇于比自己分内的多做一点，比别人期待的多服务一点，乐于奉献与协作，你就一定会更加可爱。

五、忠诚和尊重领导

一个不能够维护园长的权威的教师，绝不是一个好教师，尤其是在他人面前，更要对园长表现出特别的敬重。即使园长不在场，也要积极维护园长的尊严，这不仅会提升园长的声誉，也会使他人对你有好印象。若是有需要与园长探讨和争论的事情，也应该找个没有第三者的场合。要乐于接近园长，营造相互之间彼此理解的关系，设法让园长处处关心自己；有为难的事要敢于寻求并信赖园长的帮助，让园长因你的信任而快乐；要细心观察，当园长情感脆弱的时候不要逃避，要主动去安抚她，表现出下属应有的体谅、善意和支持，让园长感受到你的温暖和忠诚。

六、有协调能力

对教师来说，既要协调好与同事、家长、孩子的关系，也要协调好与父母、爱人和子女的关系，更要协调好自己的身心。只有协调好个人与他人、家庭与集体的关系，才能充分发掘自己的潜能，利用一切可以利用的资源，在合理的时间内做出良好的工作业绩，成为一个称职的教师。生活中，矛盾是难免的，要学会尽量避免情绪波动，保持良好的精神面貌，善始善终地做好每一件事。

七、坦率而公正

一个优秀的教师，有自己独立的思想，能够做到人格上不卑不亢，不刻意恭维和顺从园长，但在重大问题上一定会与园长保持一致。你可以主动约见园长说说心里话，坦诚地与园长交换意见和建议，只要这些建议有利于事业的发展，园长就会理解并酌情考虑。当然，在谈及这些事情的时候要注意方式、方法，选择适当的时机和地点，以双方都能接受的方式为宜。对于谈话的结果，也要有一种平和的心态，不要以为园长不接受你的建议就是不在乎你。因为，园长总是有他自己的考虑。

八、正确对待成功和失败

也许成功和失败常常困扰着你，但成功并不意味着你拥有什么，而是指你不间断地运用资源所带来的收益。失败只是人生旅程的一种状态，重要的是，在失败面前要承认自己的价值，并且拥有自信、充实感和幸福感。任何真正的成功都是厚积薄发、积极进取的过程。不要墨守成规，更不要画地为牢，要善于寻找一切工作的机会，积极、主动且圆满地完成园长交给的任务。这样，你就会赢得成功。

（作者单位：安徽师范大学附属幼儿园）

⑦ 观察——教师专业成长的重要途径

闫兴芬

我在实际教学中发现，在教育教学方面，教师们的问题普遍集中在教育教学目标的制定以及内容、方式、方法的选择等方面。目标定得不是过高就是过低，所选内容有时远远超出了幼儿一节课的承受能力。我经过和教师沟通、交流发现，教师对幼儿的年龄特点和能力水平掌握得不准确，有的甚至没有这方面的认识，完全是凭自己对教材的理解和想象来备课。究其原因，实际上是教师的专业素养不够。作为每日承担着大量教育教学任务的教师，学会观察，这无疑是加快自身专业成长最直接、最便捷的方式，也是最重要的途径之一。

那么，教师应观察什么？该如何观察呢？

观察什么？天天不就是看着这些孩子吗？这是教师常常遇到的问题。其实观察有别于平时的看，也是有目的地研究幼儿的行为和日常经验。幼儿的行为和日常经验是其实际能力水平的具体反映。教师通过观察，能够掌握幼儿的实际能力水平，了解幼儿的学习特点和规律。有了这方面的经验，教师就可以为教育教学活动中适宜性目标的制定和内容、方式的选择提供非常真实、可靠的依据。我到幼儿园驻校观课时，有一次的教学内容是小班上学期的美术课，教师制定的活动目标是：利用废旧纸盒和卫生纸卷芯制作小汽车。幼儿自己带来了漂亮的花纸盒，教师提供了纸卷芯、胶水和透明胶带。为了帮助教师了解本班幼儿的能力水平，我做了以下观察记录：

自由创作开始了，一个幼儿先拿起胶水在纸盒上涂抹，再把一个纸卷芯粘上去，然后就拿起盒子来看效果，结果纸卷芯掉了下来。他又重复前面的动作，把纸卷芯再粘上去，拿起来一看，又掉了。于是，再粘，反复几次都是无济于事。这时，他看到别人用透明胶带，也改用透明胶带。只见他两个手指捏住胶带，拉出一段，用力一扯，扯不断，再使劲扯，结果是越扯越长。拉得长了，胶带不是粘在手上就是相互粘在一起，他又用一只手去撕另一只手上的胶带，结果是扯得更长，但就是扯不断。过了一会儿，好不容易扯断了，又弄得满手都是胶带，还是不能用。

我把这段记录拿给教师看，帮教师分析，她们从中得出了三点经验：第一，小班的幼儿手部肌肉的力量还达不到扯断胶带的程度，协调性也比较差；第二，幼儿没有使用胶带的经验；第三，幼儿的学习具有模仿性，在操作过程中同伴之间会相互模仿。一次的观察就能得到三方面的经验，如果教师长期坚持观察，那么掌握幼儿的实际能力水平就不是很难的事了。有了这三方面的经验，今后遇到同类型的课，教师在选择内容、提供材料时就能做到心中有数了。

其次是观察的方法——采用什么样的方法观察才能够得到自己想要的信息、资料呢？是不是每天看看就行了呢？不是的。面对全班几十个行为、经验各不相同的幼儿，教师往往会感到无从下手。教师要根据自身教学的安排和需要来观察。一是观察要有重点。在某一个时段有一个观察重点，如，重点观察某个、某几个幼儿的行为，或者是观察全体幼儿某个方面的行为，也可以一段时间后再换一个观察重点。慢慢地，各方面的信息资料积累多了，自己的经验也就丰富了。二是注重细节。这也是观察中应该特别注意的，因为细节中往往蕴含着重要的信息。

在一次大班的美术活动中，一个幼儿画了一个人，画面上的人物看上去高大、魁梧，很英俊。一会儿，老师再走到这个幼儿这里时，却发现整个人物已经是面目全非，被一团又黑又乱的线条所覆盖。老师以为孩子想废弃这幅画了，就问："你为什么不要了？""没有不要啊！"孩子说。"那为什么画成这样？"老师又问。"这是消防员刚从火里面救人出来！"孩子答道。

教师单凭这个细节就可以了解到幼儿的想象力是多么丰富。从这里，教师还可以得到另外的启示：观察单凭"看"是不够的，还要"听"和"问"。"看"，只能看到幼儿在做什么；"问"和"听"才会帮你知道他们在做什么、想什么，为什么这么做，帮你真正走进幼儿的内心世界，了解孩子的真实能力水平，掌握教师所需要的第一手资料。三是记录。观察和记录是分不开的，哪怕是简简单单的几个字，也会为以后的分析与思考留下依据。如果只是看看、问问，而不记录，其效果是不大的。所以，教师既要眼勤，又要手勤。记录不仅能给我们留下宝贵的信息与资料，而且有助于我们进行深层次的分析与思考，对个人实践理论的建构、提升或实际教学行为的修正都具有极高的参考价值。

总之，观察是教师必备的素质之一，是教师专业成长的最重要的途径之一。作为一名幼儿教师，必须养成观察的习惯，并在教育教学实践工作中不断积累观察的经验，从而提高自己的观察能力。

（作者单位：山东省泰安师范学校附属小学幼儿园）

8 敞开教室的门

吴玲玲

"请你帮我把教室的门关上，好吗?"很多老师在教室里会对坐在靠门最近的孩子说这句话。久而久之，孩子也贴心了，不用老师开口，只要看见教室的门开着，他们就会主动地去关上。

老师们这种下意识地想关门，不外乎有以下三方面的思虑：

一是喜欢和孩子相处的时间里没有干扰、没有拘束，甚至可以"随心所欲"。比如，可以和孩子们讨论热衷的话题，甚至可以抛开制订好的教育计划，和孩子共同探讨某一问题或者推心置腹地说说心里话。关门可以让师生之间的谈话更亲密无间。

二是担心园长的"突击检查"。园长每天都会来巡班，如果门开着，常常察觉不到园长什么时候进来了，可能直到活动结束，老师才意识到背后有人。"不得了! 园长已经把我刚才的一举一动记录在笔记本上了。"老师就会拼命地回想自己都说了些什么，不断地猜测园长到底是什么时候进来的，生怕自己的言行有什么差错。

三是生怕成为"出头鸟"，担心招来非议或者失去优势。课改后，教师逐渐尝试针对自己班级的孩子设计活动、开展教学，园长常常会在全园里推广一些好的做法。如此一来，有的老师就担心招来同事的非议，如，"哎呀，都是因为她呢，我们要多做这么多事情。"于是，教师自耕班级三分地，做了"与众不同"的东西也藏着不说。也有的老师担心自己花费大量时间和精力取得的成果轻易地被别人效仿了，这样一来，自己班级的优势就没有了……

所以说，幼儿教师是一个比较封闭的职业。关上门，每个教师就是本班教室的国王，和其他教师的交流甚少。每位教师单独对校长负责，教师间却彼此排斥。只有孤身奋斗而无合作之心，这常让教师陷入焦躁而绝望的境地，使其无法真正地成长。因此，教师要获得真正的专业成长，一定要有开放的心态，敞开教室的门。

只有敞开教室的门，才能为孩子创设更广阔的学习空间。某位老师上课时，教室的门总是敞开的，游戏活动时，教室外的走廊上还开设了"一茶一座"、"咖啡屋"等休闲场所，男孩子们甚至把战斗游戏开进了校园的小树林里。没有门的教室，既让孩子有了更广阔的学习场所，也让教师有了更多了解、顺应和促进孩子发展的机会。

只有敞开教室的门，才能获得园长的支持与合作。教师的成长离不开园长的支持和引领。只有时刻让园长看到最真的你，他才能通过巡视活动了解你们班级的活动开展中需要哪些资源和信息，及时为你提供资源支持；只有通过真实的活动场景，园长才能更准确地了解你的优点在哪里，不足在哪里，从而为你提供最合适的培养计划。正如一位园长所说的："管理者只有在真实的教学现场、在教学实践的寻常时刻中，研究教师的发展特点，与教师进行合作研究，在共享互动中产生'共同语言'，才能真正促进教师的专业成长。"

只有敞开教室的门，才能听到同伴的分析与建议，分享同伴的智慧，携手共同成长。"观点的多样化可以有效防止人们仅仅从少量几个角度来考虑解决问题的方法，也可以避免人们限定问题的范围，仅用熟悉的方法解决问题这样一种更糟糕的情况发生。当不同的观点发生冲突的时候，便会产生思想的火花，这种火花就是创造性的源泉。"敞开门，就是分享大家的智慧，让更多的同事来帮助你、和你一起成长。有一位老师在班级里尝试了"家园小报"，园部把她的做法介绍给其他老师后，小报便开始在校园里广为流传。一次，她经过其他班级，发现该班老师并不是简单地照搬她的做法，而是引进了很多新的内容和形式。她边看边感叹："嘿，这些都是我原先没有做到的呢！多聪明的教师呀！她们引用了我的形式，却赋予了它新的内容，使这个新的内容有了自己的生命，成为了又一个亮点。"因此，敞开教室的门，能够不断地督促自己进步，不断地促进自己成长。

敞开教室的门，就是敞开原本封闭的心，让自己与孩子、园长、同事的互动更广泛；敞开教室的门，就是给教师搭建一个舞台，让他们成为站在光环下的舞者，赢得众人的阵阵喝彩，并带领大家起舞！

（作者单位：中国福利会托儿所）

9 要善于表现你的一技之长

吴 萍

以往，在人们的观念中，总觉得爱表现的人太张扬，觉得只要凡事认真做，脚踏实地地做，就会被人发现。事实果真如此吗？其实不然。有句话说得很好："是金子总会发光的。"但是，如果金子始终埋在地下，没有被发现，它会发光吗？

不知大家是否听过"毛遂自荐"的故事。毛遂是战国时代赵国平原君门下一名食客，在平原君府上三年，一直没有得到重用。这一年，秦国大举进攻赵国，赵王紧急派平原君赵胜向楚国求救。赵胜决定精选二十名文武兼备的门客，组成访问团前往楚国。为什么需要文武双全的门客同去？赵胜的打算是，能够说动楚王出兵相救最好，否则，文的不行来武的，强迫楚王答应。可是挑来挑去，居然凑不齐二十个，赵胜很是发愁。这时，毛遂自我推荐。赵胜不曾见过毛遂，便问："先生在我门下几年了？""三年了。"毛遂答。"三年？待了这么久还默默无闻，怎么会是人才？"赵胜冷冷地说，"贤才处于世间，就像锥子在布袋里，锥尖自然会露出来。如今先生在我门下三年，没人称赞、推举过你，可见你没什么能耐。你不适合去，留下来吧！"毛遂对这套说辞不以为然，他反驳说："如果早让我在布袋里，我就会脱颖而出，岂止露个尖而已？"赵胜见毛遂这么机灵，便让他参与。另外十九人都嘲笑他不自量力。赵胜一行人到了楚国，游说工作颇不顺利，向楚王阐述联合抗秦的重要性后，楚王仍然犹豫不决。最后，毛遂挺身而出，施展了他的口才，终于把楚王说服了。毛遂从此被奉为上宾。

试想，如果毛遂有机会却不推荐自己、表现自己，会被赵胜发现并奉为上宾吗？

幼儿园的教师正如赵胜的食客，个个多才多艺。特别是年轻教师，如果你不善于表现你的一技之长，就很难得到重用。既然如此，那么，该如何表现你的一技之长呢？

要了解自己

你是什么人？作为一名幼儿园教师，你有什么特长？（这里讲的特长既有唱歌、弹琴、画画、跳舞、讲普通话，又有设计活动的能力、组织能力等一切与教育教学有关的能力）这些问题你必须先认识清楚，并且诚实、客观地进行评价，因为它是你表现自己的基础。

要有自信心

人的态度总会在举手投足间表现出来。你必须对自己有自信心，如果你对自己的一技之长都没有自信，别人又怎么能够相信你呢？因此，你一定要盯住对方的眼睛，不能有害怕、畏缩的样子。

要把握机会

工作、生活中有很多的机会，如，幼儿园的每一次赛课、每一次教研活动都是让大家了解你的好机会，你要将自己的长处展示出来。正如毛遂自荐一样，他就把握了"访问团需要口才好的人"的机会，让人认识、了解了他，也使英雄有了用武之地。

要用事实说话

善于表现自己，并不是个人英雄主义。因此，要注意适时、适度地表现自己，不能夸夸其谈，要用事实说话。如，你活动组织得好，那么每一次赛课你都要精心准备，要让大家看到你的成绩；你绘画方面有特长，那么你们班的环境布置、幼儿的画刊等就要展示出你的功底。此外，在展示自己时，别担心做错事，要从错误中吸取教训。

虽然你只是众多教师中的一个，但只要你善于表现自己的一技之长，相信你一定会在幼儿园脱颖而出，得到大家的肯定！

（作者单位：湖南省长沙市政府机关第三幼儿园）

10 怎样上好课

许天丹

　　新学期伊始，按照每学期的惯例，领导们开始了常规听课活动。这不，上周某天，刚吃完午餐的园长就被"热情"的老师们围住了。大家问道："下周还听课吗？""对，还有大班和小班没听呢！班级多，争取都听完。"园长说。围在一起的老师们纷纷散去，又开始了认真地"照常"准备。甚至一些一贯很认真的老师也在不断地打听："今天怎么没看到主任？在哪个班听课呢？"

　　于是乎，"听课"成了园内"挂嘴率"最高的一词，领导要来听自己的课成了老师们的烦恼，如何在领导面前上好课、给领导留下好印象成了老师们最关心的事。

　　K老师说："这个《我的种养计划》不好上，照书上说的怎么上啊？"A老师说："下周我们还是挑点儿好上的课吧，免得听课时……"Y老师说："音乐课《花之舞》太难了，上不好。"

　　课，怎样才能上好？仁者见仁，智者见智。

　　有的老师经常说："我就怕领导来听课。他们一进来我就紧张，不知道该说什么好了。"这是心理问题。我认为，老师们的心态还是要调整好。领导来听课，更多的是看基层的常态，要用平常心去看待"听课"这件事，不要害怕在领导面前说错话。人无完人，相信领导也不会苛求每个人都达到完美，因为十个手指也不会一样长，每个人都有自己的缺点。

　　还有，要重平时。老师们不能为听课而"时刻准备着"，要知道我们工作所服务的对象是班级的孩子，而不是领导。如果平时就是一步一个脚印这么走着，教学准备充分、详尽，教学环节经过了仔细推敲，那么领导来听课用得着那么紧张吗？如果单纯是为了"接待"领导而去精心准备课，估计自己上着也别扭，毕竟"动机不纯"。

另外，诸如一些老师所说的"这种课，不好上"的问题，我觉得仔细分析一下，老师们不愿意上的这种课有三个特点：

一是过程活。比如，科学活动《我的种养计划》，《教师用书》上只有很简单的两个环节，中心就是制订一个关于种养的计划。实际上课时，更多的需要老师在活动中的控制和互动。

二是准备繁。有的课前准备比较多。如果什么准备都没有，课的形式不免单一，孩子也会丧失兴趣。但如果每一节课都很细致地准备，就会增加许多工作量，会牺牲老师的很多休息时间。

三是难度大。比如，大班的音乐活动《花之舞》，既有图谱的掌握，又有双向S形的队形交换，还有合拍的舞蹈动作，再加上较长的乐曲，这让有的老师对该活动望而却步，不敢在领导听课的时候去尝试。

其实，老师的烦恼说大挺大，说小也小——就是想把课上好。那么，怎样把课上好呢？建议掌握如下原则：

1. 把握教材。其实，把握教材的关键就是分析。老师要明确活动的目的和教学的重点。思考在前，准备在先，在没法下手时还有请教在后。如果老师们能"多管齐下"，就不会畏惧了。

2. 积累素材、资源共享。其实，要解决问题也不难：一种途径是发挥年级组的优势，团队协作、资源共享，你有的借给我，我会的教给你；另一种途径就是要做有心人，比如课件，不要做一次删一次，可以将之分解、重组以及反复利用。

3. 制定目标，逐步化解难点。其实，教材是死的，人是活的。教学目标要根据本班孩子的特点和发展水平来制定，教学的过程也要围绕目标来进行。只要勤思考、多推敲，难点就可以化解。比如，上面说的大班的音乐活动《花之舞》，教师可以利用地面的图标帮助孩子掌握图谱队形，而熟悉乐曲的旋律、结构可以渗透在一日活动中，最难的双向S形队形变换可以通过课件来演示，这样既能使效果直观，又能调动孩子学习的兴趣，还能精简老师的教学语言。

（作者单位：江苏省南通师范第一附属小学幼儿园）

要挤出时间用于阅读

张亚军

有不少调查表明，目前中国国民的阅读现状堪忧。从 1999 年开始，中国出版科学研究所借鉴发达国家的做法，每隔两年，就图书阅读率在国内进行一次调查。但结果显示，我国国民的图书阅读率已从 1999 年的 60.4%下降为 2005 年的 48.7%。在整个国民群体中，教师应该是一个阅读率比较高的群体，因为这个群体承担着教书育人的责任。教师不读书，无论如何也说不过去。然而，即便是这个最应该读书的群体，其阅读现状也令人担忧。著名特级教师李镇西就曾直言："我们的中小学教师往往是不读书的。正因为这样，我们的教师队伍素质在不断下降，不要说和解放前的一些'大师级'的中小学教师，如叶圣陶、夏丏尊等相比，就是和'文革'前的教师比，我们的文化素养也是相对较低的。这在教育界和文化界也是毋庸讳言的。"那么，作为幼儿老师，我们应不应该读书呢？我们能保证有持续、充足的阅读时间吗？我们应如何阅读呢？

首先，应该十分肯定地说，幼儿老师应该读书。这与幼儿教育的特点密切相关。幼儿教育的特点是基础而全面，幼儿的特点是好奇、好问，这些对教师的个人素质提出了很高的要求。不常读书，不充实自己，便无以做好这项工作。可以这样说，爱读书的幼儿教师未必会成为名师，但名师一定是爱读书的。所以，要在专业上取得成绩，就非读书不可。比如，在著名的上海特级教师应彩云看来："阅读可以使人领略到现实生活中可能无法企及的事物。阅读使我们超越了空间、时间和物质条件的限制，得以自由地生活着。这是一种精神上的无所不及的广阔的生活。"可见，阅读不仅成就了她的专业，而且提升了她的人生质量和境界。

其次，反思一下：我们是否正在读书？是否在意读书？可能有不少老师以前没有意识到这个问题，现在才惊觉：自己实际上是不怎么读专业书的。这当然不应完全责怪幼儿教师，因为在教师群体中，幼儿教师可以说是最累、最辛苦、空余时间最少的。每天的带班时间雷打不动，其余的上班时间也基本都花在备课、制作教具、教研等工作上了，真难挤出多少空闲的阅读时间。但能否抽出时间是后续问题，是否有读书的念头和欲望才是首要的问题。如果有非读不可的意识，意识到不读书无以成长的道理和重要性，那么问题就解决了一半。因为"时间就像海绵里的水，要挤总是有的"。还有一个普遍的问题就是：很多幼儿教师意识到了读书的重要性，有非读不可的意识，但对怎么读书、读什么书又感到很迷茫。晦涩难懂的专业理论书籍常让人发出"想说爱你不容易"的感叹。

所以，最后一定要找到适合幼儿教师的读书方法。以下是几点建议：

1. 要读专业期刊。获取专业资讯的最好方式莫过于阅读专业期刊。因为专业期刊包含了最新的专业资讯，能使你保持或完成专业的更新和积累。幼教领域里以幼儿教师为对象的专业期刊可以数得过来〔如《幼儿教育》（杭州）、《学前教育》（北京）、《早期教育》（南京）、《上海托幼》（上海）〕，一般幼儿园都有订阅。你需要主动到幼儿园资料室定期翻阅这些杂志，建议较仔细地阅读其中一两种即可，其他的可浏览目录，碰到特别需要的文章再细读。建议每位教师每年选择订阅一种专业杂志。

2. 要读经典的专业书籍。去新华书店或书城买幼教专业书籍，这不是最好的办法，一来没有折扣，二来这里少有幼教书籍的身影。幼教书籍一般只能在专门的教育书店购买到，但只在少数大城市才有这样的书店。如果你订阅了专业期刊，一般会在专业期刊的广告中找到有关的专业书目，但这些书目使教师难以从中进行选择。所以，比较稳妥的办法是阅读经典的专业书籍，选择那些流传多年并且被多位专业人士在文章中提及或推荐的经典著作（如蒙台梭利的《童年的秘密》，陈鹤琴的《家庭教育》等）。

既然是经典，为数就不会太多，而且这为数不多的专业书籍并不是都适合我们阅读的。

3. 要阅读通俗易懂、与幼教职业有实际联系的书籍。当你读不懂一本书时，不要怀疑自己的阅读能力，很可能是这本书写得有问题。这种情况一点儿都不奇怪，因为确实有不少书籍在浪费着读者的时间和金钱。有人认为，幼儿教师读书是为了提高理论水平，于是就强迫自己去读那些读不懂的书。但理论与实践是不会分离的，一本好的理论书籍必然是联系实际的，也必然是通俗易懂的。而且，对幼儿教师而言，或许更应该选择那些优秀教师写的书，而不是专家、学者写的书。

4. 要有批判的读书态度，不要盲信书籍。"尽信书则不如无书。"虽然书籍是幼儿教师专业成长的养料，但我们也不能抱着盲从的态度。尽管阅读为我们的工作提供参考，但我更提倡以批判的态度来看待书。为了提升工作能力，我们需要不断进行专业方面的交流。除了和身边的同行面对面地交流，书籍为我们提供了与同行交流的另一种形式。所以，我们应该与书平等地交流。那种把书本上的某段、某句奉为经典的做法和态度很成问题。

总之，作为幼儿教师，不阅读专业书籍无以成长和发展，这一点我们要坚信。所以，无论如何繁忙、劳累，请挤出时间用于读书。当然，读书也要讲究方法和态度，要力求在有限的读书时间里获得最大的效果。

（作者单位：安徽省合肥幼儿师范学校）

第五辑

做一个有协调能力的班主任

我们的目的是要建立积极的纪律、工作的纪律、良好的纪律,而不是建立静止不动的纪律、被动的纪律、屈从的纪律。

　　纪律必须通过自由而获得。

——蒙台梭利

① 做一个有协调能力的班主任

蒋海燕

　　由于工作成绩突出，小余老师被幼儿园任命为小三班的班主任。虽然该班的副班主任是一名刚毕业的新教师，但是该班的保育员非常有经验。小余老师自从当上班主任后，工作更加积极，教学更加投入。可是，班上的家长还是经常投诉老师，家长有问题也不找班主任，而是找保育员。家长们对班级工作极其不满，甚至要求园方换老师。小余老师感到非常困惑："自己全身心地投入到了班级工作中，为什么还会出现这样的状况？"

　　班主任是一个班级的核心，班主任管理水平的高低直接决定着班级的工作是否高效。一个具备良好管理水平的班主任有助于一个班级的良好发展。小余老师是一位新班主任，虽然教学没有问题，但是班级管理的经验比较缺乏。作为班主任，她未能很好地利用班级管理中所涉及到的人，协调力不够。"人"是管理的第一要素，只有抓好了"人"才谈得上管理。班主任要善于处理与他人的关系，提升协调力，提高工作的效率。

一、要处理好上下级关系

　　班主任是一个班级的管理者，她是班级与幼儿园连接的桥梁：对上，她要听取幼儿园的最新工作要求；对下，她要根据幼儿园的要求管理好班级，还要及时把班级的情况向上反映。因而班主任要正确处理与教师的关系，既要认真领会领导的意见并执行，又要及时地把班上的建议反馈给领导。

　　教师的工作要求一般都是从幼儿园大局出发提出的，具有普遍性和指导性。班主任要认真听取并消化工作要求，进而在班级会议上有效传达，这样才可以保证幼儿园工作要求的落实。特别是每周的班主任会议，班主任要做好笔记并结合本班实际进行内化。但我们也应注意到，幼儿园的工作要求是针对普遍情况而言的，班主任应结合自己班级的情况思考并因地制宜地施行。

二、要处理好与副班主任的关系

副班主任是班主任的重要合作伙伴，是班级教学的重要实施者。班主任要善于调动副班主任的工作积极性，遇到问题多与副班主任沟通，与副班主任建立良好的合作伙伴关系。倘若班主任在班级管理中一味地独断专行，他就不但得不到副班主任的帮助，而且会严重挫伤副班主任的工作积极性，使班级工作陷入被动状态，有时甚至会使自己成为"光杆司令"，什么事情都得自己做，严重影响班级的正常发展。

在上面的例子中，小余老师的副班主任是一名新教师，小余老师应该想方设法地调动她的积极性，引导她和自己工作。同时，小余老师应看到副班主任的不足，多对她的教学工作进行指点，帮助其提高，因为新教师可能在教学能力方面有些跟不上。

三、要协调好与保育员的关系

幼儿园的教育是保教并重的。班主任要做好表率作用，既要搞好教育工作，又要重视保育工作；既要对保育员进行分工，又要善于督促保育员进行日常的卫生保健工作，还要对保育员提出更高的要求——协助教师开展教育教学工作。

上面例子中的保育员非常有经验，班主任就应该发挥保育员的优势，多与她商讨孩子的保育、保健工作，对于其表现好的方面，可以在班会上给予表扬。但也应注意到，班主任是一个班的核心，应该主动与家长沟通。在上例中，由于班主任不知如何与家长沟通，导致了家长更信任保育员。

四、要处理好师生关系

孩子是我们幼儿园保教工作的终级指向目标，我们的一切工作都是为了使他们健康、快乐地成长。班主任除了要在日常教育教学工作中加强对孩子的培养之外，还要意识到班主任角色对自己的特别要求——要善于发现本班孩子在成长过程中普遍存在的问题，特别要注意整个班级孩子的常规行为习惯的培养，并能根据问题提出具有针对性的解决方案。

班主任由于工作比较忙，往往比较容易忽视与孩子的交流，对孩子的了解不够深入。班主任必须明确孩子在我们工作中的地位，通过多种形式了解孩子的发展，如，抽时间与孩子谈话，利用幼儿档案、幼儿相片与孩子进行沟通等。班主任只有对孩子了解得多了，才能更好地处理与孩子的关系，从而提高工作的效率。

五、要处理好家园关系

班主任要明白，家长既是我们服务的对象，也是我们教育的对象。班主任要树立高度的服务意识，正确处理与家长的关系，掌握与家长沟通的技巧，引导家长不断向幼儿园教育教学目标靠拢。幼儿园要开展什么活动时，一定要及时、准确地把相关信息告知家长，让家长感受到班主任对他们的关怀，进而配合幼儿园开展工作。同时，班主任要挖掘家长资源，邀请家长参与班级教育教学，如，邀请具备专业知识的家长为大家授课，节日时请家长来表演、参加PARTY等。通过这些活动，家长们不仅体验了幼儿园的教学，而且对幼儿园的教育教学活动有了更深入的了解，知道了教师的辛苦。这样做既可以弥补教师自身专业的缺陷，又有助于家长增强对幼儿教育的理解，提升家园互动的效率。

总之，班主任在班级管理中要高度重视"人"的因素，以人为本，提高自身的协调力，多方面调动全体人员的积极性，促进孩子们的健康发展。

（作者单位：广东省佛山市顺德北滘镇第二幼儿园）

2 恰当地运用惩罚

邹晓燕

　　记得有一次到某个幼儿园，我看到一个大班的小男孩在走廊里走来走去。看到我之后，他马上主动和我打招呼。我问他为什么没在班里（因为我看到老师和孩子们正在他们班的教室里做集体活动），他告诉我说因为自己调皮，老师让他出来。

　　这个例子是老师为了维持正常的班级秩序或为了减少孩子们的问题行为而使用的一种手段，属于惩罚的范畴。那么，如何理解惩罚呢？

　　从行为矫正学的角度看，惩罚是行为矫正的原理之一，也是减少儿童问题行为的具体方法，是儿童的问题行为被紧随其后的结果所减弱或消除的过程。通俗些讲，就是在儿童受到了惩罚之后，他的问题行为就减少或消失了。因此，评价惩罚是否有效的最重要标志就是——儿童问题行为的减少或消失。但从前面的例子我们看出，老师的这种惩罚手段并不会达到减少儿童问题行为（调皮、捣乱）的效果。我们再来具体分析这种方式对儿童日后行为的影响：从孩子在走廊里的表现可以看出，他很享受自己一个人在外自由活动的过程（而其他孩子需要规规矩矩地坐在教室里听老师讲课）。所以，老师的这个所谓的"惩罚"，对这个孩子来说，不但不能产生任何惩罚的效果，反而成了一种"解脱"。以后当他在教室里感到厌烦的时候，他可能就会想起这次的愉快感受，继而出现调皮行为，以达到逃出教室散心的目的。换言之，老师的这种"惩罚"实际上是强化了儿童在教室里的调皮行为，算得上是老师滥用惩罚。

　　在现实生活中，滥用惩罚导致更严重后果的例子也有很多，比如近期通过各种媒体报道的某些教师滥用惩罚导致孩子死亡的恶性事件。教师把两三岁的孩子关在储藏室里，但由于时间过长而忘了让孩子出来，最终导致孩子死亡。不用说，这样的教师其职业道德是有问题的，但不恰当地使用惩罚也是酿成苦果的直接原因。因此，作为幼儿教师，应该对惩罚这种行为矫正方法有个基本的了解，学会恰当地使用它。

惩罚一般用于矫正儿童的问题行为，惩罚的方式主要有两种：一种是"罚时出局"，一种是"反应代价"。"罚时出局"就是让产生问题行为的孩子暂时离开强化物（导致其问题行为发生的环境或人），"反应代价"就是让孩子对其问题行为付出代价（拿走一定的强化物或剥夺一定的待遇）。这两种方式使用的场合有所区别："反应代价"更适用于家庭，"罚时出局"则适用于集体教育场合。在文章开始讲的例子就属于"罚时出局"的范畴，而我之所以将其定性为惩罚的滥用，一方面是因为可能老师考虑的不是消除儿童的问题行为，而是想暂时保证教室的教学秩序，但这种手段却强化了孩子的问题行为，这是一种对孩子不负责任的态度；另一方面是因为可能教师对孩子的问题行为（扰乱教室秩序）理解错误，认为让孩子离开集体环境就是对其有力的惩罚，但实际上却恰恰其反，导致了孩子在以后的集体活动中问题行为的增多。

因此，在使用"罚时出局"方式的时候，首先要考虑的问题有两个：其一，孩子的问题行为是否适用"罚时出局"的方式？只有当孩子出现乱发脾气或者攻击他人的情绪等问题时，才适合使用"罚时出局"；其二，确定导致孩子问题行为的强化物，即什么因素导致了孩子的问题行为。比如，在集体游戏环境中，当有的孩子抢别人的玩具或者推打他人的时候，如果让其离开游戏的现场就可以起到惩罚的效果，使其在以后的集体游戏中不再出现问题行为。因为他渴望和小朋友一起玩耍，不愿意离开游戏环境（孩子们一起游戏的环境就是强化物），所以，他就能学会在和小朋友一起玩儿的时候不抢玩具、不打人。

在使用"罚时出局"时，还要考虑"罚时出局"的地点，其安全性是最重要的。教师往往使用储藏室作为隔离地点，但是使用储藏室不但不能达到惩罚的效果（因为在那里孩子们可以玩儿的东西很多），而且存在诸多安全隐患。所以，隔离地点最好是教室中安静的、不用的地方，儿童在那里会有安全感。比如，教室里可以有个壁橱或布帘，可以将其作为儿童接受惩罚的地点。在"罚时出局"期间，不能让其他人（包括教师和幼儿）和出现问题行为的孩子有任何形式的接触（身体或语言的），否则就不能达到"罚时出局"的效果。

老师们还要注意，"罚时出局"的时间不能过长，一般是在十分钟之内，应该让孩子尽快回到"事发现场"并开始正常活动。

最后要说明的是，"罚时出局"毕竟是一种惩罚方式，当可以使用其他行为矫正的方式来减少儿童的问题行为时，就不要采取它。因为使用"罚时出局"还要考虑的一个现实问题是，家长是否能接受这种方式。如果家长不能理解或接受对孩子使用惩罚的方式，就不要使用，以免产生不良后果。

（作者单位：辽宁师范大学教育学院）

3 教师不一定要做"执法者"

许天丹

身为幼儿教师，每天充斥于耳的恐怕就是各类报告了。其实，内容不外乎是孩子间的纠纷、矛盾。对于下面这种事情，该怎么处理呢？

这不，大三班又出了一件"大事"：小璇种的"魔豆宝宝"刚长出来的茎不知被哪个小朋友不小心给碰断了。为了正视听，老师理所当然要"立案调查"。于是，张老师对全班小朋友说："到底是哪个小朋友弄的？"见没有一个小朋友承认，老师接着说："其实，老师知道是哪个小朋友弄的，就看这个小朋友诚不诚实。"一旁的朱老师也追加了一句说："对的，只要这个小朋友承认错误，我们就原谅他。"听了两位老师的话，全班小朋友都郑重其事地摇着头，说："不是我弄的……"

面对这种尴尬的境地，两位老师有点儿骑虎难下，但又不能就这么算了，气氛就这么僵持着。该怎么处理这件事呢？

站在一旁的我开口了，打破了师生对峙的僵局："许老师知道，不管是哪个小朋友弄的，他一定不是故意的，对不对？"所有的小朋友都说："对！"我又说："那么下次，我们要更加小心地照顾'魔豆宝宝'，不要再让它受到伤害了，好不好？"孩子们齐声说："好！"

记得前苏联有个很有名的故事叫《花瓶是谁打碎的》，故事的目的是为了教育孩子要做一个诚实的人。直到今天，作为教育者的我们也是常常本着这个根本的目的在教育孩子。但是，当今天全班孩子都矢口否认时，当全班孩子都用无辜的眼神望着老师时，老师是不是还要继续揪出"真凶"呢？

我想，在处理这一类事件时，老师都要在心里问自己这样一个问题："是让孩子通过这件事情受到教育重要，还是揪出'肇事者'重要？"面对这种比较棘手的孩子间的纠纷或矛盾时，我给老师的建议是：

1. 心态放平，摆正位置。也就是说，牢记自己是"教育者"，不是"执法者"。教育的目的并不在于揪出"案件"的"真凶"。

2. 冷静处理，正面教育。拿以上这个小事件来说，其实成功地揪出这个"肇事者"，并不能改变植物被碰坏的现状。可能是本班的孩子在抚摸植物时，被后面的小朋友推挤后碰坏的，也可能是别班的孩子碰坏的。就算是孩子故意捏坏的，也可能是有原因的，也许是因为好奇。

3. 找台阶下，化零为整。老师也可以适当地给自己找个台阶下，不要因为急躁而乱了分寸。比如说，可以巧妙地把几个孩子的小事情变为全班的大讨论，这样既避免了个别孩子的尴尬，又抓住了教育的契机，对孩子们进行了集体教育。

（作者单位：江苏省南通师范第一附属小学幼儿园）

4 让语言不再啰唆

沈佳萍

有一次，听到班上龙龙小朋友的妈妈问他："你想不想在幼儿园过生日呀?"龙龙的回答出乎妈妈意料："不想。每次小朋友过生日，我们都很想吃蛋糕了，可老师还在说话，我们都急死啦!"孩子的话让我们忍不住想笑，但仔细一想，确实值得我们去反思。幼儿教师的啰唆好像是通病，而过多的说教只会让孩子反感。如何让语言不再啰唆，使孩子乐于听、喜欢听呢?

一、教师语言啰唆的原因及表现

1. 怕孩子听不懂或记不住

许多老师总是站在教师的立场上组织活动，并没有考虑孩子的感受。同样的内容经常反复强调，对语言缺乏推敲，说话随意。如，在小朋友过集体生日时，教师和幼儿的对话如下:

> 师：小朋友，你们看这是什么?
>
> 幼：蛋糕。
>
> 师：蛋糕漂亮吗?
>
> 幼：漂亮。
>
> 师：你们想不想吃啊?
>
> 幼：想吃。
>
> 师：你们知道今天是谁过生日吗?

幼：知道，是×××过生日。

师：你有什么祝福的话想送给他？

（幼儿送祝福的话，唱生日歌，送礼物等）

师：现在你们想不想吃蛋糕？

幼：想。

师：吃蛋糕时能不能大声讲话呢？

幼：不能。

师：能不能把蛋糕弄到地上或桌子上？

幼：不能。

师：吃完蛋糕，盘子要放在哪里呢？

幼：垃圾桶里。

师：下面看谁坐得好，就请他来给大家送蛋糕。

如此繁冗的谈话给孩子们的感觉就是：我早就知道啦！每次都说，烦死啦！

2. 活动前的准备不充分

虽然教师在活动前会写教案，但很多情况下，教师只是照着教参抄教案，并没有认真地分析教材。如，在小班游戏"运粮食"中，要求孩子从桌子下爬过去运粮食，而教师却将装粮的筐子很随意地放在桌子旁，幼儿不用爬过桌子就能一眼看到。对于小班的孩子来说，他们的注意力一下子就被看到的"粮食"吸引了，于是就忘记了老师的要求——从桌子下爬过去。果然，几个幼儿没按老师的要求爬过桌子运粮，而是直接跑到筐子前拿起粮食就往回跑。为了让这些孩子按照要求开展活动，教师只好不停地用语言提醒幼儿："你怎么没有从桌子下爬过去呢？""一定要从桌子下爬过去运粮！"这样不仅造成了语言啰唆，而且使活动环节拖沓。

3. 不良的语言习惯

许多老师在日常的教学活动中养成了不良的语言习惯。如，许多教师在听到幼儿回答完一个问题后，会不自觉地把孩子的回答再重复一遍；还有一些老师在提问时多次问："是不是"，"对不对"，"行不行"，或者"啊"，"嗯"等口头禅较多，非常啰唆。

二、如何让语言不再啰唆

1. 教师应备好课，认真推敲每一句教学语言

备好课是组织好活动的前提，备好课包括备好教材和备好幼儿两个方面。对教材要做到"懂、透、化"，熟悉精通，驾驭自如；对幼儿要做到"识、知、爱"，充分了解，有的放矢。对教学中的每一句话都要认真推敲，仔细琢磨。每一个操作材料的摆放、使用、收拾整理都要做到心中有数。如，体育活动的游戏规则和要求必须要在活动前交代清楚，教师对每个细节的处理都要从孩子的实际出发。在以上案例中，如果教师在活动前考虑到小班的孩子在活动时不应看到教具这一细节，就会选择将教具放在一个幼儿看不见的位置——桌子通道的另一头，同时在游戏开始前的规则讲解中从语气上特别强调从"山洞爬过去运粮"的要求，以避免孩子在活动中出现一些违反规则的行为，也避免教师的一系列啰唆语言的出现。

2. 及时反思，改掉啰唆的教学习惯用语

不好的习惯是在平常的教学中慢慢养成的，不容易被发现，更不容易改掉。教师可以通过观看教学实录找出自己的不良语言习惯，有意识地克服说话的随意性，并及时反思自己的每一句教学语言。只要做个有心人，就一定会有成效。

3. 分清必要的重复和不必要的重复

教学语言的重复，有两种情况：一种是必要的重复，即有意义的重复，目的是为了让幼儿更好地理解和记忆；另一种是不必要的重复，即无意义的重复。教师应该了解孩子，根据不同年龄幼儿的特点来设计和组织教学语言。如，小托班的孩子年龄小，理解力和记忆力差，教师在教幼儿学习洗手时，可将洗手步骤分解，用重复性的语言，边讲解，边练习。这样的语言重复就是必要的。而中大班的孩子各方面能力都较强，老师在交代一

些规则或要求时，就要发挥孩子的主动性和积极性，让孩子多说；而教师的语言要简洁，以免造成不必要的重复。

教学语言可以通过教师不断地练习日趋完善。教师只有在教学实践中不断地锤炼，才能口随心愿，才能让自己的语言不再啰唆。

（作者单位：安徽省合肥幼师实验幼儿园）

5 不要让孩子无事可做

汪 丽

在一日生活中，老师都会根据先前的备课完成每个环节。但许多时候，环节与环节之间会有一些弹性空间，如果不好好加以利用或忽视它的存在，孩子往往会无事可做。这可能会产生一些隐患：孩子好动，从而引发一些安全事故；孩子情绪涣散，无所事事；孩子进入下一个环节时注意力无法集中。如果老师能很好地利用它，就会产生以下几个效果：环节过渡更自然、流畅；孩子能保持愉悦的情绪，积极投入下一个活动；加深师生情感；老师及早发现异常，减少安全隐患。

比如，我们大年龄段的孩子是先运动后进行集体教学活动的。孩子们运动后回到教室，用几分钟的时间盥洗、喝水和整理衣物，然后直接进入集体教学活动。虽然在环节实施上挑不出毛病，但细想来，这里面是有一些问题的：细心一点儿的老师会发现，在这段时间的调整过程中，并不能使所有孩子马上以很好的状态进入下一个环节。有的孩子还处于应激水平较高的状态难以自制——与周围的孩子"打打杀杀"、高谈阔论；有的孩子体力尚未恢复，呆呆地坐在一边。试想一下，在这样的情绪状态下，孩子们怎能进入集体教学活动呢？

那怎样能让孩子有事可做呢？我有一些简单的做法和经验与大家分享：

1. 环节过渡更自然、流畅。孩子有意注意的时间相对较短，我们必须尊重孩子的年龄特点，让孩子"收放有度"。"收"，即指目的、意识明确的各个大活动时段；"放"，即指各个活动之间的弹性空间。在收放之间，老师要巧妙地架起一座桥梁，使孩子能自然、顺畅地进入下一个环节。比如上面我们讲到的运动后和集体教学活动开始前的时间，老师可以用一些相对"静"的方式让所有的孩子在情绪上做个调整：点一下名，报一报数，聊一聊天气，关心一下没来的孩子等等；出示玩偶或图片，慢慢引出下一个活动中的主角，让孩子们自由地对这个主角发表一下议论；利用猜谜活动引发孩子猜测即将要做的事，给孩子多些想象和表述的空间；用相关的小游戏做个巧妙的链接等等。这些方式都能很好地引发孩子对下面活动的期待，使环节与环节之间的过渡更自然、流畅。

2. 使孩子保持愉悦的情绪，积极投入下一个活动。孩子积极的情绪是活动成效的重要保证，而老师应该是愉快情绪的制造者和复制者。当孩子无事可做、神情低落时，老师可以利用一些孩子们喜闻乐见的身边趣事、琅琅上口的儿歌、小游戏等等让孩子"热热身"，从而以饱满的激情投入下一个活动。这种方法的运用不需要先要求孩子静下来再开始，只需要老师瞅准时机，轻声地、有节奏地自说自话："小妞妞，扮家家。吃点啥？爆米花！嘭——啪——"老师这样一遍遍地重复，会感染所有的孩子，吸引他们都投入进来。然后，老师可以逐一点着孩子的脑袋念，一起"嘭——啪——"。这样，快乐的情绪就会马上传遍整个教室。记住，快乐是可以传染的。要让愉快的情绪传递给每个人，包括老师自己。

3. 加深师生情感。在许多活动中，老师需要关注孩子的群体反应，与孩子"一对一"的交流较少。但每个孩子都渴望被老师充分关注，以满足其情感上的需要。因此，老师可以个别或小群体地进行简单的聊天，帮孩子逐一整理衣物，摸摸孩子的小脸蛋，拉拉孩子的小手，说些鼓励的话，甚至给孩子一个拥抱等等。这些肌肤亲近的方式都能很好地表达你对孩子的重视和关爱，增进孩子对你的信赖和情感。

4. 老师及早发现异常，减少安全隐患。老师可以给孩子充分的时间让他们自由交流，但在此之前要有些针对性的提示或要求。孩子们自由交流时，老师要做个观察者，鼓励孩子正确交流的行为，留心个别孩子是否有身体不适或不恰当的举动，对表现异常的孩子要及时干预，避免安全隐患。

关注孩子、了解孩子、满足孩子，让孩子和你在一起的时间都能感到幸福！

（作者单位：上海市实验幼儿园）

6 突发事件：时刻准备着

蔡 慧

作为幼儿教师，我们每天都会精心设计活动方案，努力为孩子提供自认为最好的教育方案。但当你信心满满地将之付诸实施时，突然有幼儿对你的活动方案说"不"，你一定会有些慌乱吧！这时该怎么办呢？下面的一些画面你一定很熟悉，看看我的方法是否适合你。

教学片段一

活动室里，孩子们围成圆圈，静静地坐在小椅子上，老师把已准备好的鞋子放在活动室中心。

师：这些鞋子好看吗？哪里好看，谁来说说？

幼：老师，这是我的鞋子。（牛牛的举动立刻引起了部分孩子的响应，顿时，教室里开始发出一片呼喊声）

师：（看着牛牛——这个破坏课堂秩序的男孩，真想严厉地对其进行一番批评，但最终还是克制住了自己，随即开始反思……）

建议：预设环节出乎意料地被幼儿打断了，幼儿显然已对老师的提问不关注，课堂秩序似乎陷入了"混乱"之中。这时，我们应该明白：幼儿有意义的学习经验往往是在开放的时间和空间中获得的。在活动导入部分，若发现幼儿当时的学习困惑，教师应及时调整自己原来的计划。

教学调整

师：（不改变计划，干脆接过孩子的话题展开讨论）那么谁来介绍一下他的鞋子呢?

（幼儿大多数无反响，疑惑着相互张望，个别幼儿三三两两地攒动着小脑袋，开始轻声议论了起来……）

师：这样吧，就给大家三分钟的时间，可以与旁边的小朋友相互介绍一下你的鞋子是怎么样的。（于是，幼儿与伙伴相互说开了……）

幼：（三分钟后）我的鞋子是红色的……我的鞋子是……

师：（顺藤摸瓜，追问）谁还能说说别人的鞋子是怎么样的?

幼：我看到××的鞋子是……（发言很踊跃）

建议：教师要学会果断地随机应变，机智地调整活动。既给幼儿的学习留出思考的空间，又不偏离自己的教育目标，这样一举两得的事何乐而不为呢?

教学片段二

师：（得意地出示范例——折好的纸花）知道这朵花是怎么做的吗?

幼：老师，我早就会做了!

幼：我也会的，我会……（马上有起哄的）

（教师看着能干的融融，预设的提问全都咽了下去）

建议：尊重是教育的第一原则。教师作为幼儿学习活动的支持者、引导者和合作者，应尊重幼儿的个性表现和自主性，并要认识到，可能是由于自己对孩子已有的学习经验把握不足才会造成眼前的失误。

教学调整

师：是吗? 你早就会了，你还会做什么花?

幼：我会做喇叭花，妈妈教我的。

师：还有谁会做花?（沉着地问）

幼：我会的，我会……（没想到真有会的）

师：那好啊，就请你们上来做给大家看。（在教师的肯定和鼓励下，这三位小朋友的示范就代替了教师的示范，并且发挥了幼儿生生互动互学的作用）

建议：面对幼儿的个体需要，我们应冷静思考，善于发现其中所隐含的教育价值，把握时机，积极引导，运用个体带动群体的行为策略，引导全体幼儿都能积极、主动地参与到学习活动中去。

因此，不用担心"突发事件"扰乱了你的教学计划或影响了教学效果。只有抓住幼儿的兴趣，根据课堂教学的动态变化，及时调整自己的教学计划，才能使教学真正追随幼儿，适应幼儿，并为幼儿所接受和喜欢。切忌采取简单、粗暴的方式扼制孩子的创造力。

（作者单位：上海市实验幼儿园）

7 常规须常新

唐丽兰

俗话说："没有规矩，不成方圆。"在日常班级管理中"建章立制"，必要的班级常规是不可少的。然而，常规之"常"也应"与时俱进"。

案例一：午睡小插曲

下午1点30分左右，午睡室里静悄悄的。孩子们大都睡着了，可是天湖却睁着眼睛，不愿入睡。

一开始他倒也很安静，不吵不闹。可不知什么时候，他突然大喊道："老师，我放了一个屁！"哎！居然连放屁也要告诉老师，还如此大声！邻近的几个小同伴被他这突如其来的声音惊醒了，大家都疑惑地看着他。我赶紧到他身边，示意他安静，并悄悄地说："以后，放屁可以不告诉别人，如果需要上厕所再说。睡觉的时候不能大声说话。"不曾想，他的声音更大了："老师，我的屁放完了，好像有点儿大便出来了！"

还真是哪壶不开提哪壶呀！或许是他真的要大便吧！于是，我赶紧将其扶起如厕，并叮嘱他："等解完了告诉老师，老师再帮你擦。"可是他倒好，小便以后自言自语地说："大便好像又不来了。"听着他的话，我将信将疑地检查他的裤子上是否有大便的痕迹，居然真的一点儿也没有。原来，他只是想小便而已。

于是，我积极地鼓励道："天湖真能干，需要上厕所都知道告诉老师，要是能再轻声一点儿，不影响别人就更好啦！"听我这么一说，天湖用手指在嘴巴上轻轻地"嘘"了一声，小声道："老师，小声说怕你听不见，那样我会尿裤子的。"于是，我又回应道："你可以先下床再轻轻告诉老师，没关系的。"听我这么一说，他立刻露出了灿烂的笑容，轻轻地回到床上……

反思：是啊！平时幼儿午休时，按常规要求是需要保持安静的，这就意味着，从进入午睡室开始，大家说话、做事都要轻手轻脚，正如歌中唱道："说话轻轻，走路轻轻……"。然而，孩子正常的如厕愿望也是教师平时鼓励其大胆表述的，不过，那也是在"轻轻"的范围之内。可当孩子真正轻轻地表述时，教师身处宽敞的午睡室又能否及时听见呢？天湖之所以如此大声，并且绕了一个"放屁"的弯子，以达到真正如厕的愿望。我想："一则是其本身胆小，怕老师听不见；再则也与日常班级管理的常规要求有关。"其实，一些不符合实际的常规要求应不断改进。就算孩子违规，教师也要从正面积极地鼓励，而不是单纯地强调所应遵守的常规。因为，常规须常新。

案例二："干净"的国旗

有段时间，班级开展了系列"大中国"主题活动。教师先带领幼儿认识了国旗，不仅让幼儿知道了每当升国旗时，要立正站好，向国旗行注目礼，还充分激发了孩子尊重和热爱国旗的情感。

接下来是艺术手工活动——制作国旗，鲜红的"旗面"和金灿灿的"五颗星"都期待着孩子们那灵巧的双手来剪下并"组装"。由于此次手工作业将被用来装饰"大中国"主题墙，所以我又特意强调了一下日常美工活动的一个常规：让孩子在作品的正面写上自己的姓名。平时美工作业留名很容易，但"国旗"仅此一面，根本没有空白处。于是，小朋友一下议论开了。只见小骁小朋友更是迫不及待地来到老师身边，一边着急地拉着老师的衣角，一边说："老师，我有个意见。我觉得漂亮的国旗做好后写上名字就变脏了，就不是爱护、尊敬国旗了。你不是让我们要热爱国旗吗?"此言一出,我顿觉哑口无言……

反思:是啊!当我从成人的角度对孩子提要求时,竟疏忽了孩子是在具体的细节中体味真实的情感的。那种让国旗变"干净"的愿望,不正是最真挚的爱国情感吗?好样的,孩子们!就这样,此次美工作业打破常规,一律将名字写在了反面……

这正是:常规也须常新啊!

（作者单位：安徽大学幼儿园）

8 常规教育儿歌化

冯艳宏

对幼儿园的一个班级来说，是否有良好的常规，直接关系到幼儿的成长和教师组织教育教学活动的质量。如果常规没有建立好，幼儿就不易形成良好的习惯，教师也会因为总要花费精力来维持秩序而觉得十分劳累，从而影响教育教学的质量。

《幼儿园教育指导纲要（试行）》中指出："幼儿园要科学、合理地安排和组织幼儿的一日生活，建立良好的常规，避免不必要的管理行为，逐步引导幼儿学习自我管理。"要从小培养幼儿养成良好的生活、学习及实践交往活动中基本的社会行为规则。

幼儿时期是良好行为习惯的最佳养成期，也是进行常规教育的关键期。对幼儿进行良好行为习惯的培养就像是陶艺制作——幼儿时期就像是处于泥的状态，其形态是否完美取决于成人对他们初期的塑造；到了少年时期，孩子就像基本成型的作品，只需打磨一下表皮；到了青年时期，作品则已基本烧制完成，其性格、品行已基本定型。

马卡连柯曾经说过："如果在儿童期的早年，不能给予合理的教育，致使儿童养成不良意识和卫生习惯，那就会给以后的教育带来几倍、几十倍的困难。"

从幼儿个体的发展需要来看，良好的常规既可以使幼儿的生活具有节奏，促进其身体健康，又可以使幼儿积极、愉快地参加各种活动，使其受到全面、合理的教育；从班集体方面来看，幼儿生活在一个由几十个小朋友组成的集体之中，他们的游戏、教学，或集体或分组，都必须按一定的规则进行。在集体活动中，如果每个幼儿各行其是，随心所欲，那么不仅教师无法按计划实施教育活动，而且幼儿之间的日常生活也会无法协调。

特别是小班幼儿刚从家庭进入幼儿园时，因为每个幼儿所处的家庭环境以及教养方式都有所不同，所以更需要建立良好的集体常规，以保证教育教学及游戏活动"活而不乱"，保证一日生活有条不紊地进行。

幼儿心理学研究表明：积极主动的情绪可以提高活动效率，起正向的促进作用；而消极被动的情绪则会降低活动的效率，起反向的阻碍作用。也就是说，愉快的情绪往往容易使幼儿形成规则意识并愿意遵守规则，效果较好。

有经验的老师都知道，在常规教育活动中，首先要为孩子们创设一种轻松、愉快的心理环境，运用幼儿感兴趣的形式，寓教于乐，让他们在轻松、愉快的情绪中形成初步的规则意识。儿歌以其短小精悍、通俗易懂、琅琅上口的特点深受小朋友的喜爱。经验证明，在对幼儿进行常规培养时，将要求和相关常规要领渗透在富有情趣的儿歌中更易让孩子接受，更易引起幼儿的兴趣。

下面这则案例就是把幼儿在园一日常规中的十二个主要环节的行为规范编成了幼儿易于理解、便于说唱的小儿歌来进行强化、巩固。

入园：小朋友，起得早，每天来园不迟到。自己走进幼儿园，不用爸爸妈妈抱。

见了老师问声好，见了同伴拉手笑，大家都做懂礼貌的好宝宝。

晨检：小朋友，坐一排，都把小手伸出来。手儿净，脸儿白，指甲不长真可爱。

晚早睡，晨早起。衣帽整洁讲礼仪，干净手绢随身带，危险物品莫带来。

早操：上操排队讲文明，上下楼梯靠右行，一个跟着一个走，团结友爱乐融融。

挺起胸，抬起头，甩起胳膊大步走！听音乐，按口令，锻炼身体学本领。

入厕：小朋友，讲秩序。入厕不推也不挤，手纸用完放纸篓，便后洗手记清楚。

教学：教学活动趣味浓，认真思考会倾听，动手动脑多参与，回答问题声音清。

盥洗：来洗手，不玩闹，卷好袖口搓香皂。节约用水不浪费，"五步"洗手卫生好。

就餐：《悯农》一诗要记牢，细嚼慢咽要吃饱。不挑食，不偏食，营养丰富身体好。

擦嘴、漱口讲卫生，良好习惯要养成。安静散步不乱跑，睡前如厕别忘掉。

午睡：进寝室，静悄悄。床位固定不吵闹，眼睛闭好睡姿正，安静午睡休息好。

起床：穿衣服，叠被子，互相帮助扣扣子。自己的事情自己做，如厕洗手讲秩序。

午点：洗净小手吃午点，各种水果味道鲜。果皮纸屑放纸篓，讲究卫生都称赞。

游戏：图书玩具材料多，动手动脑小制作。爱惜玩具不乱丢，按类收拿莫放错。

户外活动真有趣，观察探究做游戏。爱护花草和树木，争做环保小卫士。

离园：妈妈来接要离园，挥手道别说"再见"，"老师再见"，"Good Bye"；"See you tomorrow""明天见"！交通规则记心间，高高兴兴回家去。

该儿歌以其明快的节奏、通俗的语言、明确的行为规范，深受幼儿喜爱。经过应用，效果显著。无论是教学活动的开展，还是生活游戏活动的进行，一切都井然有序、活而不乱。熟练掌握儿歌后，孩子们还会相互监督，久而久之就形成了系列规范的行为习惯，为将来人文素养和整体素质的提升奠定了良好的基础。

（作者单位：山东省滨州市实验幼儿园）

9 给一朵激励的"小奖花"

阮怀英

对于孩子来讲，称赞和鼓励是成长的催化剂。教师应该从孩子的角度进行观察和评价，对于孩子一点一滴的进步，应适时地给予称赞和鼓励。比起唠叨和指责，称赞更能促进孩子的成长。因为称赞能建立起孩子的自信心，激励他们主动学习的精神，甚至还能影响到孩子对待世界、对待周围的人和物的态度。那么，如何对孩子进行正确的称赞和鼓励呢？

"小奖花"一直是幼儿心目中的最高奖励。每当评选"小奖花"得主时，再调皮的孩子也会坐得端端正正，摆出个"乖孩子"的姿势。因此，教师要充分发挥"小奖花"的作用。

首先，"小奖花"不宜过多，要按班级人数的比例来发放，正常情况下最好按照10∶3左右的比例执行。因为如果得到"小奖花"的小朋友过多了，就会打击到那些没有得到的小朋友的积极性。要让孩子们知道，不是人人都能得到"小奖花"，只有表现好、优秀的孩子才能得到，而能得到"小奖花"是件不容易的事。同时，教师应将"小奖花"做得精致些，不要让孩子们得到之后就随便扔掉，要让他们知道，这是通过自己的努力得到的，值得珍藏。

其次，"小奖花"给谁不给谁，不要都由教师说了算，否则，当小朋友做错事时，他们就会说："不要你管，又不是你发'小奖花'。"教师要充分发挥民主，让小朋友自己评选谁该得到"小奖花"，请小朋友说说："你认为'小奖花'应该发给谁？为什么？"这时，孩子们会畅所欲言，各抒己见，大家的积极性也就被充分地调动起来了。有时，你还不得不佩服这些小家伙的记忆力和观察力呢！许多被老师淡忘的或没注意的事情也都被他们"翻"出来，而受到点名批评的孩子也不忘为自己辩解。当然，孩子们争论不休时，教师还需正确引导，来个民主集中制，由教师归纳总结，请小朋友举手表决。

再次，对于得到"小奖花"的小朋友，教师要及时告诫他们不要骄傲，要再接再厉，争取下次还能够得到"小奖花"。同时，要让他们充分发挥带头作用，主动去帮助那些没有得到的小朋友。当然，对没有得到"小奖花"的小朋友，也不应忘记问一问他："你为什么没有得到'小奖花'呢？找到原因了吗？既然大家给你提了意见，你应该都记住了？只要改正了缺点，下次一样也能得到。"教师在组织这样的评选活动时，应注意激发幼儿的积极性，不要把它当成"揭短会"，要先民主，再集中，既要让孩子产生竞争意识，也要让他们搞好团结。

最后，要家园结合。不能让孩子产生"在家表现得好不好无所谓，只要在幼儿园里表现好就行了"的想法。教师也要充分调动家长的积极性，让家长也参与进来，让他们说一说孩子在家里的表现如何。这也可以作为得到"小奖花"的一项标准。

"小奖花"应当说是教师激励孩子的一种工具、一种手段，它能使孩子积极向上、发扬优点、改正缺点。而让孩子自己评价自己的这种方式，既锻炼了他们的胆量，也提高了他们的语言表达能力，更重要的是培养了他们分清善恶以及自我评价的能力。孩子会知道，虽然这次我没能得到"小奖花"，但是只要我表现好，就会得到的。这样才会使"小奖花"充分发挥它的作用，使它更有意义，更有价值。

（作者单位：解放军电子工程学院幼儿园）

理解家长对孩子的爱

在我们的"瑞吉欧学前教育"体系中，我们知道，关注幼儿和以幼儿为中心是很重要的，但我们感到这还不够。我们认为，老师和家长也是儿童教育的中心。

——马拉古兹

1 理解家长对孩子的爱

程莉莉

母爱是多么强烈、自私、狂热地占据我们整个心灵的感情。

——邓肯

爱孩子？哪个家长不爱自己的孩子？是啊，亲子之爱是天性，但爱的方式各不相同，有的能促进孩子的发展，有的却会阻碍孩子的发展。

案例一

毛头七岁了，一直以来他的大名都被"毛头"替代着。毛头妈妈中年得子，对孩子太过宠爱，喜欢事事包办。两三岁的时候，孩子不需要开口，"金手指"点到哪里，需求就能得到满足。孩子如果错过了语言发展的关键期，开口就可能特别晚。学走路也是如此：在家由保姆抱着，出门坐着司机开的车，孩子不需要走路。尽管"毛头"高大、健康，但他却不会走楼梯，甚至连玩滑梯也害怕。在这样无微不至的照顾下，孩子渐渐长大，和同龄孩子的差异越来越明显，孩子的心理也比较脆弱，遇到困难不是叫就是哭。

分析：这是典型的溺爱，并不是真正的爱。孩子不是家长个人的私有物，这种不顾后果，缺乏理性，只懂得物质上满足孩子的"爱"，所关照的并不是孩子的心，而是孩子表面的需要。

案例二

晓慧参加了各种兴趣班——唱歌、学英语、认字、学钢琴……每天的时间被排得满满的，家长辛苦奔波接送。由于家长教育心切，催着、哄着孩子尽快达到各项所谓的标准。孩子刚会走路就让他练快跑，刚学钢琴就筹划让他参加钢琴跳级考，刚学会认字就要求他一字不能读错，刚会唱一首歌就张罗着让他上台去演出。

分析：这是典型的"望子成龙"现象，要求过急的结果是剥夺了孩子发展所需要的过程和时间，造成了成长中的"夹生饭"。由于孩子的生理和心理发展都必须有足够的时间，家长一定要学会做必要的等待，给予孩子充足的时间。揠苗助长的结果，只能是累坏了家长，毁了孩子。

以上的案例里都有家长浓浓的爱，爱的表现总是具体的、实际的。有的爱是理智的，有的爱却是不理智的。作为老师，我们会遇到各种家长。那么，我们究竟该怎样去理解家长对孩子的爱呢？

一、尊重家长

幼儿教师面对的不仅是千差万别的孩子，而且还有千差万别的幼儿家长。每个幼儿不仅有直接的家长——父母，还有与之关系密切的许多"家长"——爷爷、奶奶、姥姥、姥爷等等，可以说，一个幼儿有多位家长。我们要以平等的态度来对待家长，尊重他们的人格与观点，要耐心、虚心、诚心地听取家长的一些合理的建议，努力营造和谐、轻松、愉快的交流环境。

二、肯定孩子

教师对孩子的一句微不足道的称赞，都会让家长感到高兴。因此，教师要把幼儿的优点、点滴进步都告诉家长，不要吝惜对幼儿应有的赞美与期望。奖赏性的行为和语言在一定程度上强化了孩子继续努力的心理，同时，这种肯定也使家长轻松、自信、愉快地面对教师，主动与教师交流孩子目前存在的一些不足或育儿的困惑以期望得到教师的指点与帮助。这样，老师与家长交流的主题就会得到延伸，成为真正意义上的交流。

三、注重个别沟通

家长之间的差异是客观存在的，家长的教育观念和教育方法也不尽相同，这就需要教师深入地了解家长，以便有针对性地与家长沟通。例如，案例一中的毛头妈妈，由于对孩子的年龄特点不了解，错过了教育孩子的关键期。我们教师是有一定育儿知识的专业人员，应耐心地告诉她科学的育儿方式，针对个性的问题及时想对策，如，帮助"毛头"独立走楼梯，从老师"搀"过渡到同伴"扶"，再过渡到自己"走"，并设立进班制度，从源头上杜绝家长抱进园的行为。通过各种方式启发、引导家长，让他们了解孩子的身心特点，更新教育观念，掌握正确的育儿方法。

四、"换位"思考

教师要"换位"思考，体谅家长的爱子之心。在父母眼中，自己的孩子最棒。他们认为自己的孩子犯了错误，只是一时糊涂；孩子的调皮，是一种可爱。教师因为是施教者，容易产生优越感，遇事爱坚持自己的观点，"好为人师"，这其实很容易影响与家长的关系。如果教师了解父母的角色，多站在家长的角度去关心孩子，理解家长的心情和需求，让家长感受到教师是真心喜爱、关心他们的孩子，家长就会变得更容易接受教师的意见和建议。

五、对孩子共同的爱

老师要以一颗真诚、善良、理解的心去表现对孩子的关爱之情。共同的爱使家长和教师的距离被拉得很近，从而换来了家长的信赖。例如，案例二中的晓慧家长，他只顾急匆匆地催促孩子"向前走"。我们可以善意地提醒他能否停下脚步问问孩子："宝贝，你累不累？"其实，教师能产生这方面的思考对家长来说是一种触动。

没有哪一位家长会说："我不爱我的孩子。"理解家长的爱，回应他们的爱，指导他们好好爱。因为理解，所以支持；因为支持，所以爱；因为爱，所以家园的教育才会和谐。

（作者单位：中国福利会托儿所）

2 如何向园长提出建议

陈 琪

在幼儿园的各项工作中，每个人都会有自己的想法，教师的意见与园长的想法不一致也是在所难免的。当这种不一致出现时，有些教师虽然有意见，但出于各种原因不愿或不敢向园长提出，有的放在心里耿耿于怀，有的在背后议论纷纷，也有的在工作中消极抵抗。究其原因，大多数教师认为园长不会听取自己的意见，少部分教师认为自己的建议可能会引起园长对自己的不满，当然，也有一些教师胆小怕事，不敢提。其实，只要教师记住一些原则，把握好提出建议的时间和方式、方法即可。教师提出建议时要做到：

1. 保持冷静，先想清楚自己所要表述的意见。只有在对园长的决定或工作中的一些做法有不同看法时，教师才会提出建议。当这种不同的看法在你的头脑中出现时，一定不可鲁莽行事。

有位年轻老师因为在孩子午睡时开空调而受到了园长的批评，她认为园长没有了解具体情况就批评人，很不服气，当时就和园长拍桌子吵架，并当场提出辞职。结果，事后她非常后悔。我们分析一下，这位教师和园长之间并没有什么不可调和的矛盾，一件小事却闹到要辞职，问题的关键在于这位教师当时没有平静下来再向园长提出建议。我们在向园长提出建议时，一定先要让自己的情绪平静下来，想清楚自己为什么会有不同意见，自己想要的是什么，最好再将园长的决定和自己的要求比较一下，分析一下两者的分歧在哪里，并设想一下，按不同的方法去执行，会有什么不同的结果，然后再清楚地表达自己的观点。这样，从情绪上来说有一个缓冲，而情绪的冷静只会更有利于你清楚地表述自己的意见，也有利于你对整个事情有较全面的分析和认识，会使你提出的建议更加完善。

2. 尊重园长的人格，就事论事，不要翻旧账。教师给园长提建议，是说出自己的想法、意见甚至不满，它绝对不能转变成对园长的人身攻击。讽刺、挖苦、哭闹、谩骂及威胁等都不能帮助你将要表达的意见表述清楚，只会将提建议变成对园长不满的发泄，这不利于问题的解决。

有这样一则案例：年度考核又要开始了，园长让大家对幼儿园的年度考核工作提出好建议，以便更好地体现公平和公正。结果，一位教师就来找园长提建议了。可是，她首先谈了自己多年来辛辛苦苦地工作却没有机会评上"优秀"，而有些人却总是能评上"优秀"，这是不公平的。如果今年的"评优"还没有她的话，她就要……

我们暂且不管她想怎样。这位教师虽然说是来提建议的，但是从头到尾她并没有对考评制度、方法提出好的建议，而是一味地强调自己受到的不公正待遇，二者看似相关，实则无关。其实，这样的结果会让园长觉得你并不是诚心诚意来提建议的，而是借机来发泄不满的。同时，由于你没能抓住问题的本质和关键来表述自己的观点，与这件事无关的内容说得太多，更会让园长无法准确地了解你的真实想法，甚至认为你是在无理取闹。

3. 学会"换位"思考，合理提出自己的意见。"换位"思考要求我们站在对方的立场上思考问题，从而与对方在情感上获得沟通，增进理解。古时候有则故事很形象地说明了"换位"思考的含义：在《列子》中记载，有一天杨布穿了件白色的衣服外出，路上遇到下雨，他脱去了白色的外套，露出了黑色的衣服。结果，他到家时，家里的狗冲着他大叫。他非常生气，要拿棍子打狗，却被他的哥哥拦住了。他哥哥问他，"如果你家的白狗出去，而回来时变成了黑狗，你不觉得奇怪吗?"可见，"换位"思考就是将心比心，在遇到问题和矛盾时，我们不能总是从自身利益和立场出发，这样只会使目标和利益无法统一并造成对立的情绪，也就难以解决问题或消除隔阂。

我们应该认识到，园长和教师在思考问题时的出发点是不同的，但二者最终的目的是相同的，那就是做好幼儿园的各项工作，促进教师自身和幼儿的健康成长。有了"换位"思考，不仅你的建议能更容易被园长接受和采纳，而且还能增进你和园长之间的信任和理解。

4.选择适当的场合和时间。教师给园长提建议还应该注意场合和时间。有的老师喜欢在大庭广众之下向园长提出建议，也有的喜欢在职工大会上提出建议，还有的教师喜欢在上级领导来检查时提出建议等，认为这样才能引起园长的重视。其实不然，教师的建议能否被园长重视、采纳，关键在于这建议是否有利于幼儿园工作的开展。所以，教师在选择提出建议的场合和时间上应该有所考虑。一般来说，教师可以事先和园长进行预约，这样园长会留有时间耐心地听取你的意见和建议，你也就能够充分地表达自己的观点；如果事情紧急，教师认为必须尽快提出自己的意见和建议，那也要注意选择园长相对不太繁忙的时候，而且尽量表述简练，直奔主题，讲清问题；还有些建议教师可以选择在园长进班巡视或平时聊天时提出，那种时候气氛轻松，沟通会更加容易。

（作者单位：安徽省合肥幼儿师范学校）

③ 不要让"竞争"影响同事关系

刘学军

幼儿教师的同事关系主要指与配班教师、本班以外的教师等之间的关系。由于每位教师在能力、性格、专业特长等方面的不同，幼儿园分别设有班主任、教养员、保育员等不同的岗位，这必然引起幼儿教师之间的合作、竞争。而不同层次间教师的交流与竞争，不但能够促进其协作成长，还能提高其专业技能。与此同时，竞争也会导致自私、嫉妒、消极等不健康的心理，以及盲目攀比的现象。

办公室里，一个班主任埋怨道："唉！当这个班主任可真累啊！什么事情都要亲历亲为。刚刚交代一些工作，人家就说家里事情太多，气得我转身就出来了！"其余的班主任听后也纷纷表示："是啊，和他们真是难以沟通，一点儿都不支持班级工作！"就在班主任们纷纷抱怨的时候，班上另两位老师也是满腹牢骚："哼！平时什么事情都分这么清楚，工作大家干，讲到荣誉的时候，都变成班主任自己的了。"有的保育员抱怨："当班主任有什么了不起？颐指气使的！教学工作要求我配合，打扫卫生的时候怎么不替我分担一点儿呢？"……

这则案例，主要反映了班组内部教师间的分歧和矛盾，每个班主任、教养员、保育员都在互相埋怨、互相指责，这必然会直接影响到班组管理的质量。在"竞争"的激励下，我们应以谦虚、欣赏的眼光去正视别人的优点和成功之处，以客观、平和的心态面对自己的缺点和不足。

首先，要建立友好、和谐的人际关系。成功的合作是在明确各自职责的前提下，将分工统一在育人的班级总体目标中，互助互补，团结协作，

184 / 给幼儿教师的建议

优质、高效地完成各自的工作。因此，教师要彼此适应，相互协调与配合，在"第一时间"正确处理好彼此的矛盾和冲突，防止矛盾激化。只有这样，才能互相取长补短，共同提高，形成友好、和谐的班级氛围。

其次，要"换位"思考。当出现分歧或矛盾的时候，应该冷静下来，不要一味地追究谁对谁错，更不能利用矛盾或冲突来确立威信和地位，应学会倾听对方的心声。多沟通，勤交流，学会"换位"思考，多一些理解和包容，多站在别人的角度看待问题，时常这样设想：假如是我，我会怎么想、怎么做？

此外，教师之间要坦诚相待，有效地沟通与合作，以"家人"的角色意识，把心中的想法表达出来，让彼此从内心深处感受到大家是平等的，是被尊重、被需要的。这样，教师不但可以正确地认识自己，也能够客观地评价他人，从而使同事关系在尊重与默契中得到升华。

总之，不要让"竞争"影响同事关系，要将"竞争"视为教师自信与工作动力的源泉，在"碰撞"中共同反思，共同进步，共同提高，进而没有猜忌地交流，没有隔阂地相处。

（作者单位：河北省迁安市光彩幼儿园）

4 与配班老师亲密合作

陈　捷

　　为了便于管理，幼儿园一般采取分层管理，每个班级有两位教师，一位是主班，也就是班主任，一般都是由骨干教师担任；另一位是副班，也就是配班老师，一般都是由新教师或者即将退休的老教师担任。虽然两位教师在职务上有点儿区别，但是教育孩子的责任是一样的。良好班集体的形成，离不开两位老师有效的教育管理和默契配合。那么，怎样与配班老师亲密合作呢？

　　我认为，人的情感是某种愿望或者需要是否得到满足的主观体验。人的愿望实现了，需要得到满足了，就会产生积极的情感；反之，则会产生消极的情感。如果在班级的教育活动中，主、配班教师能顺利地沟通，就能产生积极的情感联系，如，相互信任感、相互理解感、集体荣誉感等，从而产生配合、指导、让步、建议、反思等正向的合作行为；反之，则会产生相互嫉妒、彼此猜忌等消极的情感联系，从而出现迎合、抵制等消极的非合作行为。所以，两位老师要做到亲密合作，建立稳定、良好的友谊关系。

一、关心

　　互相关心是非常必要的，这是走入对方心灵的钥匙。当配班老师工作上或者生活上有困难时，主班老师应给予帮助。例如，在配班老师的孩子、父母需要照顾的时候若能伸出援手，对方将感激不尽。主班老师也可以主动多承担些班里的工作，或者与她换班时给予方便，还可以上门看望以表示关心……总之，与你的合作伙伴建立良好的友谊关系，这非常有利于你们在工作中的默契协作。

二、尊重

有了感情基础，我们就可以谈合作，但在合作中要尊重他人。在主配班的体制下，两个老师的地位在家长眼里会有些不同。记得在做班主任的时候，家长总围着我，与我谈孩子的情况，谈教育理念；而当我做副班主任时，几乎没有家长与我说话。这是很不平等的待遇。你们想，家长如此不尊重、不重视副班主任，配班老师的积极性又怎么会被调动起来呢？这个时候就需要班主任的巧妙调节了。

一次新生家长会上，家长们从我身边走过，几乎没有一个人正眼看我。大家都围坐在班主任身边听她发言，没有人注意到我的存在。当时我的心里真的有些失落。过了一会儿，班主任把班级孩子的情况说完后开始介绍老师情况。她大力推荐："这是我们班新来的老师——陈老师。我们这个班级真是有福气，园长厚爱我们，派给我们这么一个优秀的老师。她有着丰富的教学经验，特别是在美术教育方面……接下来，我们请陈老师来介绍一下她的特色教育。"我明显发现家长看我的目光改变了，从漠不关心到敬重。他们目不转睛地看着我，听着我的介绍，会后还有很多家长向我讨教经验。

班主任老师的此举真是英明。这样一来，家长就会尊重、信任配班老师，两个老师同样得到了家长的认可。此举不仅使家长信任、了解了配班老师，而且大大调动了配班老师的工作积极性。

那是我自己担任班主任的时候，有个家长提出了一个不合理的要求，因为没有找到我，就向我的配班老师提出了，而配班老师不知怎么拒绝就答应了。我很想马上回绝家长，但是我考虑到：如果当时马上当着配班老师的面拒绝，就会让配班老师觉得很没面子，会严重影响配班老师在家长面前的威信。所以，我没有拒绝家长，只是把他的要求对孩子发展可能产生的不良后果告诉了家长，并希望他下不为例。家长走后，配班老师很内疚，也很感激我。而我又教了他几个回绝家长不合理要求的小窍门。

三、信任、鼓励

光做到尊重还不够，还需要信任、鼓励他人。也许你的配班老师的业务不如你，但是她有特长。因此，不要什么事都由自己一个人包揽，要让配班老师参与班级管理。把工作适当地分配给配班教师，不但可以让配班老师有事可做，而且可以减轻班主任的工作负担，同时，也让配班教师感到自己是这个班级的主人，从而增强了他的责任感。在工作中，要充分信任你的配班老师，相信他能够干好。在配班老师有小差错时，要能够帮助他、宽容他、鼓励他。

幼儿园每个孩子都有一本家园联系册，这是很好的家园沟通桥梁。我的配班老师是一个应届毕业生，理论素养深厚，文笔也好，我很信任地把填写家园联系册的任务交给她，她乐意地接受了，并且很快就完成了。我看了联系册以后觉得她在与家长谈配合方面的措辞有点儿问题，但我没有直接批评或者指出她的不足，而是大大地表扬了她把我们每个活动的教育理念提升得恰到好处。她非常高兴并主动问我有什么地方需要改动。我很婉转地说："家长好像还不太能够明白怎样来配合我们，我们是不是能够具体地提些建议呢？"她说："对对，我现在就把这段改改。"我说："辛苦你了！"……这样不仅指导了配班老师的工作，而且激发了配班老师的工作积极性，也让自己空出更多的时间来策划其他的班级活动。

四、沟通

虽然班主任业务能力普遍较强，但是也不要一意孤行，什么都让配班教师听自己的。一个班级不能只靠班主任一个人，因为无论在精力上，还是在智力上，班主任的一己之力都是有限的。配班教师有他们不同的教育方法及教学原则，班主任可在班级管理方面多和配班教师交流，共同探讨班级中存在的优势与不足，探讨班级管理中的经验及教训，探讨如何做好家长工作。这样就可以充分发挥配班教师的智囊作用，从而不断改进班主任工作的思路，把班级管理得更好。

最后，我觉得班主任不可功利心太强，除了要与配班教师分享工作中的困难和疑惑，还应与他们分享赢得的成绩和荣誉。两个老师应在交流和分享中会建立情感，增进友谊，使合作变得更加快乐。

（作者单位：中国福利会托儿所）

5 让新老教师配班时互取所长

陈 琪

园长总会让老教师和新来的教师配班，有些幼儿园还会组织一些拜师仪式。这样做的目的很明确，就是让老教师将自己各方面的好经验在共同配班的过程中传递给新教师，促进他们更快地成长。我们有良好的初衷，大多数新教师也确实能在老教师的带领下很快成长起来，但也有一些新老教师的配班并不能尽如人意。下面，先让我们来看看新教师和老教师对平时工作的感言吧。

新教师：我怎么这么倒霉，我的配班老师总是倚老卖老，处处压着我，指挥我做这做那，还尽挑我的缺点向领导打小报告。

老教师：现在的年轻人真是和我们那会儿没法比，班级的事情不愿意多做一点儿，对我们老教师也不懂得尊重。

很显然，这一对新老搭配的老师对对方并不满意。这类矛盾在新老教师搭配的班级中出现较多。从他们的言语中我们可以看到，这两位教师间产生矛盾主要是因为相互之间缺乏必要的尊重，两位教师在工作中对对方的期待没有得到满足。我们还常常听到老教师这样的请求："园长，我年纪大了，家庭负担又重，您给我安排一个年轻点儿的、听话的、肯干的老师配班。这样，我多说，他多做，班级工作也就完成了。"其实，这位老教师对自己的定位就是多说少做，一旦年轻教师没能像自己期望的那么听话、肯干，相互之间的矛盾就出现了。事实上，以上矛盾的根本首先在于新老教师没有摆正自己在工作中的位置。我们很多老教师认为，自己年轻时就是跟着老教师埋头苦干、任劳任怨，才有了今天的地位，在心里有种"多年媳妇熬成婆"的感觉。所以，他们认为，现在的新教师也应和他们当时那样，应该任由他们指挥，而且不能讨价还价，不能偷懒，更不能有怨言。可是，老教师们忽略了：不论是老教师还是新教师，都是这个班级的一员，都要承担应有的责任；班级的任何一项工作都需要两个人协同完成，不应该以任何理由将原本属于自己的工作推给对方。而就现在的新教师来说，他们的自我意识较强，不太愿意事事都听老教师的安排，他们希望在工作中体现公平、公正，并渴望能在工作中尽快崭露头角。新教师这样的心理往往导致对老教师不够尊重，对老教师的一些建议不以为然。有些新教师甚至自恃才高，目中无人，狂妄自大。

所以，要改变这种状况，新老教师首先要学会互相尊重。新教师对老教师的尊重体现在虚心向他人请教，虚心对待老教师的意见和建议，主动承担班级的各项工作，要知道自己多做一点儿就意味着自己学习、练习的机会多一点儿，自己才能成长得更快、更好。老教师也要从关心、爱护、帮助新教师的角度出发，多一些中肯的、善意的建议和帮助，少一些指责和命令。

其次，双方要做好沟通、交流。这是减少矛盾、消除误会的关键。面对工作中出现的问题，新老教师都会有自己的观点，而且双方各有优势：老教师经验丰富，对各项教学活动中可能出现的问题往往能做到成竹在胸，但他们往往观念陈旧，缺乏创新；现在的新教师学历更高，思想更前卫，观念更新潮，方法更灵活，但毕竟他们在教育教学实践上还得从头开始，经验不足。曾有一位中专毕业的老教师和一位本科毕业的新教师配班。开学初，幼儿园要进行早操编排比赛，她俩在对于班级早操的编排上各有主张，从音乐的选择到动作、队列的编排都存在较大分歧，而这两位教师又没能很好地将自己的想法跟对方进行交流和沟通，结果可想而知，她们班级的早操比赛成绩很不理想。事后，两位老师都在背后抱怨，诉说对方的不是。老教师认为新教师自命不凡，想表现，听不进她的建议；新教师认为老教师固执己见，墨守成规，编排没有新意。

这两位教师的矛盾主要是因为双方事先缺乏沟通，事后仍未能共同总结，都在抱怨对方；而这种抱怨、指责对班级的工作和个人的成长都是非常不利的。

新老教师配班也有的能和谐相处，亲如手足。但大家一定要记住：关系再好，同事之间也要保持一定的距离。俗话说："距离产生美。"这种距离不是要心存戒心，而是要尊重对方的兴趣、爱好、习惯、秘密等。也就是说，两位老师都要明智地认识到：大家首先是工作中的合作关系，深入到日常生活中，大家可以成为朋友，进而互相帮助，但万万不可干涉对方的学习、生活等。例如，有的老教师出于好心却办了坏事——有位老教师，因为对配班新教师找的男朋友不满意，就不停地劝说她放弃男友，还到处托人要给新教师重新介绍男朋友，最后还硬拖着新教师去相亲。后来被新教师的男朋友知道后，大家之后的相处都很尴尬。

不管如何，新老教师配班，对新教师而言，要做到"受得住委屈，耐得住寂寞，挑得下重担"，对老教师要尊重，不要奉承；要虚心好学，不要自命不凡。对老教师而言，要发挥自己的长者风范来引导和带动新老师的积极性，新教师有做得不好的地方，老教师不仅要体谅和帮助他们，还要多鼓励他们，让他们更有自信来干好这份工作。

（作者单位：安徽省合肥幼儿师范学校）

6 发挥家访的家园沟通作用

张肖芹

苏霍姆林斯基曾说过:"教育过程中要充满爱和期待,如果把一份爱心放在家访中,就会取得意想不到的效果。"

芃芃受伤后

芃芃是一个非常聪明、优秀的孩子,父母都是大学教师,平时与老师的沟通、交流不多。这天早上来园,芃芃有些闷闷不乐,爸爸匆匆忙忙将孩子送到操场上便离开了。由于天气比较寒冷,班主任王老师和汤老师让芃芃去运动一会儿,没想到才跑了一小会儿,就听"扑通"一声,芃芃摔倒在地上并大哭不止。老师赶忙把他送到医院,经医生诊断,芃芃的左手小臂骨折。在和家长沟通芃芃的伤势时,芃芃的家长显得非常激动,觉得孩子受伤的直接责任人就是老师,还对幼儿园提出了不合理的要求。这时,班主任老师觉得家访是非常必要的,于是,当天晚上便来到孩子家中。班主任老师首先对孩子的受伤表示了深深的歉意,并把事情的来龙去脉一五一十地告诉家长,让家长感受到了老师的诚意。芃芃受伤后的一星期里,班主任老师每天通过电话家访的方式了解孩子的情况,让家长非常感动。一个月后,芃芃伤愈了,家长和教师之间的关系也更融洽了,还成为了很好的朋友。

从上面的例子可以看出,家访是班主任做好班级工作的有效手段,是幼儿园教育与家庭教育相结合的重要途径。

1. 家访的目的和时机

为了使教师与家长的谈话不至于离题，教师家访前一定要明确目的，并拟定谈话思路。一定要明确家访的目的：一是使幼儿有机会与教师进行"一对一"的接触与交流，使双方增进了解，产生亲近感；二是使教师进一步了解幼儿的情况，尤其是了解幼儿的家庭环境与家庭教育状况，以便采取更好的教育对策，同时，争取家长与学校的良好配合，促进幼儿全面的发展；三是使家长对今后幼儿园的工作有更好的了解。教师在家访中要与家长沟通信息，力争使家长对幼儿园、教师产生信任感，并争取家长对幼儿教育工作的支持和配合。

作为教师，还应该明确家访的时机。一般来说，新生入园之前的情况摸底家访、幼儿发生偶发事件后的沟通家访、幼儿升入高一年龄班后的家访都是非常必要的。此外，平时以面谈、约谈、电话联系的方式加强与家长的沟通与联系，也是非常重要的。

2. 家访前的准备

首先，应确定家访的内容。以新小班的幼儿家访为例，家访的目的主要是了解幼儿的情况及家长的教育观念，以便采取更有针对性的教育策略。在家访过程中，教师可以先就家长关心的幼儿园教育理念和课程做简单的介绍，然后把重点放在了解幼儿的情况上，提出这类的问题："宝宝平时喜欢做哪些事情？宝宝最喜欢的东西是什么？最爱吃的食物是什么？如果宝宝哭闹了，一般哪些安抚方法比较有效？宝宝体质如何？宝宝会自己吃饭吗？宝宝会自己大小便么？宝宝会用语言表达自己的意思么？宝宝能否独立入睡？"通过这一系列的问题深入了解新入园幼儿的具体资料，了解他们的家庭教育状况，与家长沟通教育观念，从而帮助幼儿尽快适应幼儿园生活。

其次，合理规划好家访的各项事宜。如，事先安排好家访的路线，以同一小区或相近的小区为一组路线。家访当天，教师要对每一个幼儿家庭的家访时间有个预计，注意控制好时间，一般每一个家庭停留的时间在30

分钟左右。在家访前一周，教师要和家长约好家访时间，家访前 1~2 天和家长再次确认家访时间，家访当天与家长电话联系大概到达的时间，如当天家访时间有变动，要提早电话通知家长。

3. 家访的技巧和礼仪

首先，要注意家访时的言行。教师与家长谈话时，态度要坦诚，语气要舒缓，语言要委婉、中肯，应从关心幼儿、爱护幼儿的角度出发，像家庭成员一样真心实意地与家长交谈，使家长在情感上与教师接近。如，在新生家访中，为了能和孩子更好地沟通，教师可以用亲切的口吻和孩子进行对话："宝宝最喜欢什么呀？宝宝能不能表演一个节目啊？宝宝以后上幼儿园了会不会自己吃饭啊？"等等。这样，幼儿很快就和教师建立了感情，家长对教师也有了非常深刻的印象。

其次，要注意家访时的仪表。马卡连柯说过："教育工作人员和学生一样，需要说话的时候才说话，需要说多少就说多少，不能随便靠在墙上和伏在桌上，不能躺在沙发上，不随地吐痰，不抛掷烟头。"一个教师，不仅要有良好的仪表形象，还应注意自己的举止风度，使自己的举止大方、谈吐文雅、神态自然、待人亲切。新生家访是幼儿、家长与教师的初次见面，因此，教师的仪表服饰要大方、得体，不穿过分暴露的衣服，首饰佩戴要简洁、大方，衣服色彩不宜过分鲜艳，发型与服饰要协调、统一。

家访结束并不意味着整个家访活动的结束，还应进行详细的记录，它不仅是教师进行家访的凭证，而且是家访成功的保证。这就要求教师在每次家访之后，要及时写好家访记录，并且根据幼儿园发放的家访记录表格做详细的记录。

总之，家访在增进家园间的沟通和联系中起着非常重要的作用。家访是教师与幼儿、家长联系与沟通的桥梁，是教师与家长达成共识的纽带，是实现教育过程的关键环节。

（作者单位：上海市浦东新区张江经典幼儿园）

7 和家长做知心朋友

王 瑶

教师和家长因幼儿入园而形成教育上的伙伴关系，如何处理好与家长的关系，是每一个幼儿教师都需要学习的人际交往能力。一些幼儿教师错误地认为，教师的主要工作就是与幼儿接触的一日活动，只要幼儿没出什么问题，就没必要与家长沟通；即使幼儿出现问题，能在园内解决的就不与家长沟通，或等到幼儿有突出问题时再与家长沟通。事实上，重视并善于与家长沟通的教师，会得到家长的理解、信任和支持，和家长成为幼儿教育上的知心朋友，从而能够更有效地开展教育工作。那么，幼儿教师该怎样和家长成为知心朋友呢？

1. 以诚相待。真诚是交友的前提。幼儿教师与家长沟通，前提也是以诚相待。教师与家长沟通是为了一个目的，那就是共同教育好孩子。真诚地热爱孩子，这是教师打开家长信任之门的钥匙。比如，班上总有个别比较好动、爱打架的孩子，他有时候会有意或无意地打到其他小朋友，而后来，被打到的小朋友也开始出现攻击性行为。原来，这些孩子被打后回家就告诉父母，父母便教育孩子："如果其他小朋友欺负你，你就一定要打回去，不能受欺负！"有的家长还教自己的孩子如何和别人打架，让别人不敢欺负他。这时候，教师一定要很真诚地告诉家长，自己很爱每个孩子，在平时的工作中会更加注意教育那些好动的孩子，努力不让其他孩子被欺负。教师要让家长意识到，教孩子用打人的方式还击不是教育，这样对孩子今后的发展很不好。

总之，要让家长感觉到教师在与自己交流时，不论是表扬孩子的优点，还是指出孩子不足，都是真的为了孩子的发展，而不是假惺惺地说好话或气恼地告状。只有这样，家长才会推心置腹地与教师讨论自己的育儿经验和疑惑。

2. "换位"思考。善于与人交往的人常常会发现：站在自己角度和站在对方角度思考的问题会有着明显的差异，采取的行动也是不一样的。"换位"思考，就是站在对方的角度思考，暂时放开自己的见解，以对方的情况为出发点，体会对方的感受，理解对方的行为。由于从对方角度出发进行思考也更容易获得对方的理解和支持，因此，教师要学会"换位"思考。在孩子的教育问题上，家长往往比教师更感性、更冲动，教师要学会体谅他们做家长的心情。

再说上面提到的案例，教师只要想一想如果是自己的孩子受到伤害后自己的心情如何，便可以理解家长采取"以其人之道还治其人之身"的教育方式的。然而，理性的教育智慧比感性的爱更重要。教师应像朋友一样为家长着想，在得到家长的信任和理解后，应向他们阐述教育幼儿的正确观点，这样才能真正保证家庭教育与幼儿园教育的一致性。

3. 善于倾听。倾听是沟通的基础，教师首先要善于倾听。教师要先给家长说话的机会，让他们尽情倾述心声。对于一些小的事故，倾听比急着解释更能平息家长激动的心情，因为着急的家长容易把这种解释误解为推卸责任。倾听，还可以帮助教师了解家长的所思所想。有些家长关心孩子的教育，甚至还形成了自己独特的教育见解。如果教师能本着学习的态度认真去倾听他们的倾诉，就会发现其中不乏值得学习的东西。对于希望得到教育指导的家长，我们也要先倾听，不能在不了解详细情况时就轻易下结论、给建议，否则，不仅会造成家长的误解，对孩子的发展也是不利的。

做家长的工作就像与朋友交往一样，好的倾听者不仅要专心听、用心听，还要有回应。教师应通过一些表情、肢体语言给家长积极的反馈，必要的时候，可以通过言语鼓励家长充分表达观点。教师可以用真诚的目光注视家长的眼睛，用点头表示认同，用简短的语言回应家长，这些都会让家长感到教师就像一位知心朋友，从而愿意与你进一步交换意见。

4. 敢于表达。不论是教师主动联系家长，还是家长主动联系教师，教师在了解了家长的需要、困难后，应及时地、有针对性地与家长讨论，以发挥家园共育的效果。幼儿教师作为专职教育者，具备为家长提供教育建议的知识和能力。对于家长不正确的教育理念，教师要敢于纠正，但"忠言"不一定要"逆耳"，应本着朋友间交往时所持有的善意和诚意的原则，运用专业的知识和艺术的交流方式，取得家长的了解和理解。家园合作，也需要付出教育的行动。

5. 常常联系。朋友之间要多多联系关系才会亲密。教师与家长也应通过多种方式常常联系。在幼儿园，家长每次接送孩子都是一次短暂的面对面交流的机会。教师应针对幼儿的发展情况及时与家长进行沟通，对于一些需要长时间交流的问题，教师可以通过打电话、家访等方式沟通。平时，教师可以通过《家园联系手册》、"家长园地"等方式创造一些机会让家长陪同孩子参与教育活动，还可以利用最新的科技手段，依托网络平台，开辟便捷、全面的沟通渠道。网站、论坛、在线聊天工具等等，都可以成为教师与家长更方便、快捷的交流平台，可以拉近教师与家长间的距离。

有人说："与家长建立积极的关系，即使对最优秀的老师而言，也是一种挑战。"的确，千差万别的家长和孩子一样不容易相处，但是，只要教师怀着和家长一样爱孩子的心，适时地采用不同的策略与家长进行良好的沟通，就一定能和家长成为知心朋友，从而与家长一起对孩子的发展形成教育合力。

（作者单位：华东师范大学学前教育系）

8 要与家长保持个别交流

张 怡

《幼儿园工作规程》中指出："幼儿园应主动与幼儿家庭配合，帮助家长创设良好的家庭环境，向家长宣传科学保育、教育幼儿的知识，共同担负起教育幼儿的任务。"因此，幼儿园必须运用多种途径，对家长进行不同的指导。由于每个幼儿都存在个体差异，这就又需要教师与家长进行个别交流来达到共育的目的。

以下是我记忆中印象比较深的一个例子：

我们班的家长文化程度普遍较高，对于这些具有自己的教育观念的家长，我先让他们了解我们的教育目标，再从具体方法上对他们进行指导。如，班里有一个叫豆豆的小朋友，他的父亲是某大学的教授、博士后。入园刚几天，这位家长就对我说："孩子与人交往的意识不强，平时也很少和小朋友玩儿。即使有小朋友和他玩儿，他也只是玩一会儿，然后又自己玩儿了。"面对这位高素质的家长，我和他进行了个别交流，采取了在具体事项和具体方法上指导家长的办法。首先，我告诉家长，孩子与人交往的前提是语言的发展，孩子只有能够用较完整的语言表达自己的愿望，才能和小朋友更好地交流，从而提高孩子的交往能力。接着，我列举了孩子语言发展上存在的问题。记得孩子入园的第一天，家长就对我说："豆豆吃完一碗饭后不会再要，如果你问他还要不要再吃，他会说不吃了。但是，必须还要再给他盛一碗，因为他的饭量很大，一碗根本吃不饱，吃包子之类的面食也要两到三个才够。"对于这个问题，我是这样和家长分析的：孩子的食量不是一成不变的，是会随着身体状况、对食品的喜爱程度等因素的变化而变化的。如果我们不考虑客观因素，一味地让孩子多吃，就会对孩子的健康非常不利。接着，我分析了不能用语言表达自己的意愿对幼儿语言发展的影响，分析了语言的发展对幼儿交往水平的影响及对提高幼儿整体素质的影响。同时，我对家长谈了教学目标中对幼儿语言发展的要求，又提出了解决的办法。家长听了我有理有据的观点，表示非常赞同，并愿意按我的方法积极配合。这使孩子在很短的时间内就有了很大的进步。

语言交流是一门艺术，它是人们交流思想的工具，也是教师在教育工作中的重要工具之一。幼儿教师在与家长进行沟通、交流等互动过程中的说话方式会直接影响到与家长联系的成功与否。对于以上案例中知识型的家长，教师要与他们保持畅通的交流，如实地向他们反映情况，主动地请他们先提出教育的措施和处理的意见并认真倾听。一般来讲，这些家长比较注重对孩子的教育，他们观察自己孩子的表现经常比老师还要深入、细致、具体。作为班主任，应虚心听取他们的建议。当然，班主任在听取家长意见的同时还要具有自己的判断力，要冷静地分析。现在，我们面临越来越多这样的家长。由于他们有一定的知识、修养，在教育孩子方面有独到的见解，教师在与这类家长交谈后通常都能达到预期的谈话效果。

经过多次与家长个别交流，我归纳出了与家长交流的几个要点：

一、态度和蔼、待人真诚

教师和幼儿家长的教育目标是一致的，都想培养好孩子。所以，教师的说话态度要和蔼、真诚，让家长对你有认同感。只有这样，双方才能共同采取措施来解决孩子的问题。

二、与不同类型的家长交流时应注意谈话的方法和技巧

教育有方。通情达理的家长往往素质较高，也比较重视孩子的全面发展。与他们交谈时，双方可以就教育问题进行广泛而深入的交流，教师从中还能受到很深的启示。

同对子女期望过高的家长交流时，教师应首先告诉家长，你能理解他们的心情，再就教育方法等方面的问题和家长平等地交换意见。这样，双方经过多次交流会形成一定的共识，从而尽可能地提出一些切实可行的教育方法。

同娇惯、宠爱子女的家长交流时，教师应诚恳地表现出自己对孩子的关注和对家长的尊重，从而增加家长对你的信赖程度。教师要劝导家长懂得严与爱的关系，而在指出孩子缺点时，用事实做证会使你的言辞更有说服力。

三、要做到对每个孩子的情况了若指掌

教师和家长交流时，应对每个孩子的性格、兴趣、爱好、习惯等做到胸有成竹，这样既能表现出你对孩子特别关心和了解，又能掌握讲话的主动权，并与家长产生共鸣。如果教师说些模棱两可的话，就会使家长觉得教师无主见、工作责任心差。

四、对家长提出的问题，要有中肯的解决方法

教师要承担起家庭教育指导者的责任，对于家长在家庭教育方面提出的问题，教师要有中肯而可行的解决方法，要让家长感到他们自己能够做到。只有这样，教师和家长才能相互配合，从而达成教育的目标。

（作者单位：上海市实验幼儿园）

9 敢于和家长面对面

姚春霞

家庭教育作为学校教育重要的补充内容，两者配合得越默契，产生的教育合力就越大，效果也就越显著。因此，我们要尽量使家庭教育与学校教育保持一致。当然，要与家长形成"统一战线联盟"，即建立平等、相互信任、相互支持的良好合作伙伴关系的过程，并没有想象的那么简单。但是，教师要时刻持有正确的儿童观、教育观，要敢于和家长面对面地坦诚交流，以共同促进孩子科学、全面、健康地发展。那么，如何与家长坦诚交流呢？

一、坦诚交流从教师做起，用尊重和理解建立家园互通之桥

人与人坦诚交流，尊重对方和理解对方是良好交流的根基。家长疼爱自己的孩子是人之常情，无论这份爱是否得当，我们都应该尊重家长的这份真挚感情，要肯定家长对子女的爱。在家长眼中，孩子的举手投足都是那么可爱、有趣，即便是孩子成长中的一丁点儿进步或无意行为，都会被沉迷在欣赏中的家长无限放大，认为那是孩子聪慧、机敏的表现。这一切都是源于一个"爱"字，教师对此首先要抱以深深的理解。

二、把握教育先机，不应为息事宁人而掩饰孩子的问题

例如，托班的一个孩子因为争抢玩具咬了另一个孩子一口，由于采取措施及时，被咬的孩子手臂上的牙印很快就消失了。考虑到多一事不如少一事，老师对咬人的那个孩子教育了一番后便没有将这事告知家长。可是，

没过两天，咬人事件又发生了……从这一事例中我们看到，"息事宁人"的做法对孩子认知经验的积累没有实质性的帮助，仅靠幼儿园的教育和影响不足以令孩子对错误印象深刻。教师只有立足孩子的身心发展特点与家长共同探讨、分析和解决这一问题，才能给予孩子正面的引导。此外，家长有孩子在园情况的知情权。假设被咬的孩子回去将此事告诉家长，再由家长来询问老师，这样家长对教师的信任就会大打折扣，而以后教师再做家长的工作也会变得比较被动了。相反，教师如果能等大部分幼儿离园后，与家长促膝坦言，帮助家长结合孩子的年龄特点、思维方式、交往水平等来分析孩子的行为，就不仅能增进双方家长对幼儿发展规律的了解，给予对方孩子一份理解，还能使双方变对立为同盟，成为育儿交心的知己。

三、在坦诚交流和解决问题时，要有一定的方法和策略

1. 人性化原则：人的本性总是希望得到别人的尊重和赞赏，希望被人关心和关注的。因此，教师可以从赞赏、肯定幼儿或家长的角度切入交谈主题，这样会更容易被家长接受。在陈述孩子存在的问题时，教师要目光坦诚、语气关切，切忌指责、数落孩子给班级教学管理工作带来的麻烦。教师要强调孩子的缺点对他自身未来的发展有什么负面作用和不可逆的影响，要让家长感到教师的目的不是为了贪图自己工作的便利，而是为了让孩子终生受益。

2. 针对性原则：在与老、中、青三个不同年龄层次的家长进行个别交谈时，教师要关注不同类型的家长的不同需要。如，老一辈最关心的是孩子在幼儿园生活、情绪方面的问题，教师就可以多讲讲孩子在吃饭、睡觉、自理能力方面的情况和需要家长配合的地方；二十多岁的年轻父母经常会出现无助的现象，教师可以多聊聊成功的家长在培养孩子身心健康发展中值得分享的经验、体会；对于有一定经验积淀和建树的家长，教师要善于倾听、及时肯定、合理建议，与之共商策略，以做好孩子全面发展、适度发展、科学发展的培养工作。

此外，面对实际情况，教师要敢于说真话、说实话，要选择家长能够接受的方式进行有效交流。如，遇到溺爱型的家长时，教师要敢于与家长面对面地分析溺爱的不良后果，鼓励家长爱得适度；遇到放任型的家长时，教师要经常与家长保持联系，要善于分析孩子内心的渴望和需求，激发他们作为父母的爱心和责任心，坚持教育的一致性与长期性，推动孩子良好行为习惯的养成；遇到粗暴型的家长时，教师要始终保持心平气和的处事态度，协助家长理性地分析孩子的问题。教师还要大胆建言，敢于指出家长身上可能会影响孩子发展的负面行为，帮助家长认识到"榜样的作用"，进而在孩子面前树立良好的榜样。

3. 发展性原则：孩子是发展着的人，让家长感受到教育的快乐和成功，即感受到孩子每天都在进步是非常重要的。这不仅能给予家长足够的信心，还能激发家长更积极地参与"家园共育"。因此，在具体操作时应把握：对孩子的缺点一次不要讲得过多。要善于把大问题分成几个小问题来逐一突破，建议每次讲一个方面的一个问题为宜。此外，培养孩子是个有序的过程，且倾注了教师无数的艰辛，因此，教师有必要让家长了解你在该过程中所做的努力以及孩子的点滴进步，让家长更理解、配合老师。

做家长的工作是一门艺术。只要教师敢于和家长面对面，掌握一些必要的沟通方法和策略，就能团结家长，构筑心与心的桥梁。这样不仅可以使教师自身得以成长，而且能使孩子的教育取得事半功倍的效果，推动孩子更健康、快乐地成长。

（作者单位：上海市实验幼儿园）

10 要合理处理"家长投诉"

刘学军

　　家长与园方在孩子的教育问题上往往存在着分歧，具体表现为"家长投诉"。家长对幼儿园的服务不满意，或幼儿园的工作失误造成家长不满，家长提出日常性的质疑，甚至发泄不满，这些都可看作是"家长投诉"。

　　集体教育活动中，佳佳和其他小朋友窃窃私语，还频频出现小动作，教师用眼神示意她认真听课。但佳佳认为老师是用瞪眼在批评她，并将此事告诉了妈妈。佳佳的妈妈将此事"投诉"给园长，认为教师应该进行"赏识"教育，而该班老师一味地批评孩子，完全没有幼儿教师该有的温柔。

　　齐齐小朋友在户外游戏时，不慎摔倒，膝盖擦伤了，保健医生及时地为他清理了伤口。下午离园时，老师将此事告诉了家长。没想到，第二天该家长直接给园长打电话，投诉老师工作疏忽，致使她的孩子受伤。

　　幼儿园要进行体操比赛了，各班都在加紧练习，有些家长投诉老师不顾及孩子的身体，没完没了地练操，致使孩子不想上幼儿园了。

　　以上三个事件均是家长向园长投诉，这是家长对老师不信任的具体表现，认为只有领导施压，老师才会很好地照顾孩子，进而解决问题；这也是家长不理解"家园合作、家园共育"的表现，他们没有正确地理解幼儿园教师的工作性质和角色。同时，教师被投诉，这说明自己在家园共育工作中有疏忽，有欠缺。为此，"家长投诉"应该受到幼儿园管理者的关注和教师的重视。

　　家长本身具有不同的素质层次、观念和专业知识，这导致了他们在教育子女的方法上存在很大的差异。这就需要教师发挥主体作用，主动介绍情况，与家长面对面地交流，找出存在的问题，担负起建立相互信任的责任。教师要保持冷静的心态，耐心地解释，将宝宝的健康、情绪、人际关系以及幼儿园最近开展的活动及要求，包括教师为此所采取的一些措施和策略，如实地反映给家长。针对不同类型、不同性格的家长，要用不同的方式与其沟通、交流，从而使家长了解幼儿园，理解教师的意图和方法，将家长的不满和质疑化解开，进而消除矛盾，解决问题。

其次，教师要保持冷静，微笑倾听，给予家长足够的尊重。倾听不是被动的接受，而是主动的行为，如果运用得当，能够得到调解矛盾、平息冲突的效果。在面对家长时，教师要静静地倾听家长的意见和不满，要全神贯注，仔细分析，听出"症结所在"，从而了解对方的所思所想。同时，教师要用微笑的眼神专注地看着对方，让家长感受到教师认真的态度和友善的行为，以便于双方进行平等协商。

第三，教师要学会冷静思考，自知自省。遭遇"家长投诉"时，我们首先应避免情绪上的激动、气愤、委屈，应将"家长投诉"看作是一次自知自省的机会，冷静思考、反思自己的工作。家长会投诉，这说明我们的家长工作不到位，要积极改进，以宽厚的胸怀接纳家长不同的意见和建议，以积极的心态、科学的方法对待家长的挑剔，以足够的细心建立教师与家长和谐的伙伴关系。

此外，教师要坚持以平和、负责任的态度来面对家长，澄清事实；要讲求谈话技巧，巧妙答复与引导，尽力安抚家长的情绪；要尽量使用肯定性的语句，多从积极的角度评论或建议，让家长对教师产生信服感，从而具体、有效地处理问题。

（作者单位：河北省迁安市光彩幼儿园）

不要和"难缠"的家长对着干

张亚军

　　幼儿教师每天都要和孩子的家长打交道，教师的家长工作也是决定幼儿园教育质量和发展的关键所在。而在现今中国的"独子"社会以及社会变革加剧的背景下，家长对孩子的发展倾注了更高的期望，对幼儿教师提出了更高的要求，这也给教师带来了更大的压力。由于家庭教育和幼儿园教育在性质和方式上有着不同：家庭教育具有非专业性和个别性的特征，而幼儿园教育具有专业性和集体教育的特征。这使得家长方面对教师的专业性提出要求，而教师方面又不太可能像家长那样对每个孩子都全面关注。因此，难免会有家长对幼儿园或老师提出这样或那样的要求、建议乃至不满，但是通过和家长的充分沟通，或许大多数问题都能得到妥善处理。当然，也不排除不时会遇到"难缠"的家长和棘手的事件。对此，最基本的处理原则是：不要和"难缠"的家长对着干。

　　还是先看一则案例：

　　　　我曾经遇到这么一位家长，第一次新生家长面谈时，将近四十分钟的时间里，他始终保持着一个姿态：侧身，跷着二郎腿，含胸低头，苍白和冷淡是他话语里全部的色彩。从开始至道别，他似乎没有正眼看过在场的三位老师。他儿子嘉嘉以前读过两所幼儿园，他交了住宿费，但都只住了两三个星期就办理了退宿手续，因为嘉嘉不适应，哭闹得非常厉害。他不满且不屑地说是因为以前的老师不够专业，对孩子的关心不够，所以孩子不习惯住宿。他特别希望我们多关注嘉嘉，让嘉嘉感受到爱，先喜欢上老师，再逐渐喜欢上住宿。事实上，嘉嘉就读过的两所幼儿园的师资素质是有口皆碑的。我们认真斟酌了嘉嘉爸爸的话，掂量出了他的将信将疑和期望。但是，他的傲慢和无礼，在以后的一个月里多次毫无掩饰地灼痛我们几位老师的心。他的态度自然令人不舒服，但是我们没有因为家长的不恭而与之对立。也许是受家人的影响，嘉嘉的情感、态度、行为方式和习惯有着这样或那样的不足，但我们仍然像对待其他孩子一样，以宽容、接纳、发现、引导、欣赏的态度走近他。开学的第三个星期，嘉嘉的情绪波动过去了，而且开心地过起了全托的生活。一个学期过去了，我们在嘉嘉身上倾注了许多心血，付出了许多时间和辛劳，他的自私、专横、脆弱、不合群、害怕困难和失败等不良的个性和习惯有了很大的转变。孩子变得爱上幼儿园，爱老师和小伙伴，各方面都有了明显的进步，这是我们给家长最好的回馈。至此，嘉嘉爸爸的脸上有了笑容，对老师的态度也平和、亲近多了。

［廖俊杰，《早期教育》（教师版），2007 年第 7 期］

这是一个处理"难缠"的家长的成功案例，教师不因家长的傲慢和无礼而和家长对着干，更没有影响到对孩子的教育和态度，终于以自己的实际行动和孩子的进步感化了家长。但在实际工作中，不是每个教师都能够像案例中的老师那样做得那么完美，处理得那么好。但不管怎样，以更积极的方式，对家长抱以理解的态度会更有利于事件的处理。

首先，我们所谓的"难缠"的家长是加引号的：这样的家长可能会给教师提出过高的要求，要花费教师很多的时间和精力。但如果站在家长的立场上分析，他无非是对自己孩子的教育表现得过于关注，只是方式和方法未必正确。因此，我们应该体谅家长作为一个非教育工作者的处理方式，更积极地来看，家长对孩子的过分重视和关注总比不管不问要好。我们应该相信，在所谓的"难缠"的家长中，真正傲慢、无礼的是极少数。

其次，教师不能像家长一样"难缠"，不能冲动，不能和家长对着干。

因为那样会使问题无法解决，甚至造成不好的结果，这是家长、教师都不愿意看到的。教师毕竟是专业的教育工作者，在处理这样的事件时，应该以更广阔的视野、更专业的角度，更积极的姿态来应对。

再次，教师要找到合适的处理方式和技巧，这是最关键的。当然，充分的沟通和耐心的交流也是非常必要的。除了沟通与交流，教师还要通过实际的行动来改变家长的态度，要关注孩子的成长与教育。家长的不满和抱怨都源于孩子，把源头处理好了，事件自然就解决了。所以，教师也要相信，时间会证明一切。

最后，教师要适当地反思自己的行为。教师要有这样的习惯和意识：面对家长的质疑，首先要学会自我反思。只有使自己做得更好、更完善，才有助于解决问题，有助于避免再出现类似的问题。经过反思，当你确信自己并没有任何过错时，你会对解决问题更有信心，你会更容易对家长的误解抱以淡然一笑。

总之，不要和家长对着干。要以真诚来换取家长的信任，以过硬的专业素养来赢得家长的尊重，以微笑来化解相互间的隔阂！

（作者单位：安徽省合肥幼儿师范学校）

像热爱工作一样热爱生活

如果有一天,我能够对我们的公共利益有所贡献,我就会认为自己是世界上最幸福的人了。

——果戈理

1 像热爱工作一样热爱生活

王 瑶

何谓生活？生活就是生存下来并快乐地活着。工作作为我们生活的一部分，帮助我们生存下来，而热爱工作的人还能从中找到快乐。所以，如果我们希望体验真正的生活，就应该像热爱工作一样热爱生活。

作为幼儿教师，我不否认我们工作的繁琐和辛苦。不过，付出总有回报，给予本身不仅是一件快乐的事情，而且会带给我们更多的快乐。我们给孩子真诚的爱，孩子也会给我们纯真的爱；我们启迪孩子的智慧，也得到很多自我教育和人生启示。孩子不仅让我们的工作变得更有意义，而且为我们的生活增添了色彩。记得以前和孩子一起做美工活动的时候，我教他们用彩纸折衣服。我们折完衣服后，离吃午餐还有一段时间，一个孩子说完一句"衣服变变变"后就把衣袖撕出了蕾丝花边，大家也都开始"衣服变变变"起来，有变短袖的，有变无袖的。受孩子们的启发，我们接着在衣领背面画上商标。就这样，各种样式、各种品牌的衣服诞生了。小小的美工活动因创意而生动了很多！

所以，很多幼儿教师热爱自己的本职工作，而热爱工作的教师会感到特别快乐。那么，怎样像热爱工作一样热爱生活呢？

1. 像树立工作目标一样拥有生活梦想。有关梦想的文字描述已经太多了，但我们还是不得不承认拥有梦想的重要性，就像工作中首先需要树立目标一样。试想，如果我们的工作没有目标，工作起来就会没有激情；生活也是一样，如果没有梦想，我们就体验不到追求梦想的快乐。反之，如果我们的生活有了梦想，我们就会觉得做什么都是有奔头的，而生命也变得更有价值了。再则，幼儿教师面对的是充满希望的孩子，他们的大脑中充满着各种各样的梦想，和这些梦想家们在一起，我们更需要拥有生活的梦想。因为梦想是人们心灵深处的一种向往，是牵动人内心的一种巨大力量。

2. 像制订工作计划一样制订生活计划。我们在准备、开展和评价工作的时候，都离不开一样东西，那就是工作计划。热爱工作的幼儿教师一定有一份详实的工作计划，这样，他工作起来才有坚定的基石。我们也应该像制订一个好的工作计划一样，制订一个科学、合理的生活计划。这个生活计划主要是指业余生活的安排，包括规律的作息安排、合理的娱乐安排等等。这样不仅能保证工作计划的顺利进行，还能体会到生活是实实在在的，因为有具体的计划内容需要去实现。

3. 像创新工作内容一样丰富生活内容。有了计划还要敢于进行变化。面对需求不一的孩子，幼儿教师的工作需要创新，喜欢创新的教师容易体验到工作的乐趣。同样，生活也需要创新，丰富的内容会让我们觉得生活不仅多彩，而且精彩。其实，只要我们多观察生活，善于发现，敢于变化，就会体验到改变的乐趣。就像我们平时培养孩子的兴趣一样，我们自己也需要培养一些生活中新的业余爱好：好动的可以体验一个人看书、绘画、弹琴的宁静，好静的可以体验和亲朋好友一起旅游、唱歌、逛街的热闹。丰富的经验会让我们感受到生活中的快乐。

4. 像提高工作成绩一样提升生活质量。热爱工作的教师，总是要求自己不断提高工作成绩。这个工作的成绩可能是孩子一个信任的眼神，也可能是一个真诚的微笑，或者是一个难以察觉的成长细节。这样的成绩多了，教师的自我实现感自然就有了。提升生活的质量也在于生活的细节：也许，你每天早上对镜子里的自己多笑一笑，每天晚上睡前多看一句让你快乐的话，在工作中和同事多交流几句，下班后与亲友多一些时间相处，渐渐地，你的生活质量就在其间提升了。在发现工作、生活中成功的细节后，善于适当地进行自我奖励，像夸小朋友一样夸一下自己"真棒"，你就会发现，原来工作、生活是这么值得热爱，从而告诉自己可以取得更好的工作成绩，实现更高的生活境界。

5. 像直面工作中的失败一样面对生活中的挫折。工作中常常有困难，生活中也常常有诸多不如意。工作的失败虽然带给我们损失和痛苦，但也带给我们心理上的磨炼，而从中积累的经验会让我们发现自己的不足以及应该注意改进的问题。面对生活中的挫折，有的人用积极的态度和方法来解决矛盾和冲突，有的人采用消极的态度和方法来暂时回避矛盾以摆脱困境。但是，最终我们都要像在工作中"把失败当作成功之母"一样，坦然地面对困境，坚强地担当挫折，用积极的心态和坚定的信念去战胜它。

总之，工作中充满希望，生活中充满阳光。如果像热爱工作一样热爱生活，我们不仅能好好地生存，还能快乐地活着。

（作者单位：华东师范大学学前教育系）

2 要热爱生活

徐 冰

特级教师赵赫老师的一句话一直让我记忆犹新："不爱生活的老师在教育中也是不爱动脑子的，对生活冷漠的人是不适合做老师的。"

崔允漷教授在一次报告中谈及教师的苦恼时曾提到："我们的教师有生无活。"当教师们仅仅是为了生存而工作时，这份工作给予他的只能是无穷的压力与责任。优秀的幼儿教师并不是如我们世俗模板中的劳模一样，"无怨无悔，废寝忘食，夜以继日地奋战于教育的第一线"。他们热爱生活，追求生活品位，甚至有点儿小资。他们感受着生活带给他们的智慧和乐趣，而富有乐趣的生活与其专业发展也形成了一个良性循环。

在前几年的一次上海市青年教师评比中，脱颖而出的吴佳音老师获得了一等奖的教学是《屋顶上的秘密》。在教学中，她通过引导孩子们观察自己生活周围的屋顶来发现屋顶与我们生活之间的联系。在活动中，她对孩子观察兴趣的调动和创意的激发得到了专家、同行的高度称赞。这样充满生活气息的教学，一个不热爱生活、不关注生活的老师是无法设计出来的。

作为幼儿老师，对生活的敏感和热爱是一种重要的禀赋。这代表着他具有善于观察和敢于接受新事物的品质。正如艺术家、作家需要体验生活、寻求灵感一样，教师也需要在生活中寻找教育的生命。幼儿教师的教学不是简单的重复教材，而是充满着活力，调动着孩子们对自我和周围世界的关注。这与我们课程变革中所逐渐倡导的挖掘生活资源、鼓励孩子探索与自我表达的精神也是相符合的。

老师们总是抱怨没有时间、工作压力大、家务又繁重，认为那种悠闲自在的生活离自己很遥远。其实，只要转变一下心态，时间就犹如海绵里的水，总是能挤出来的。比如说：

• 做事情时放一段美妙的音乐，或哼哼自己喜爱的歌曲，会让你有愉快的心情。音乐也是教育的一种重要方式，它可以让你的教学变得更加温情而有活力；

• 每天看看新闻，或在上班的路上收听一下新闻，会让你更加了解世界的变化，让你更轻松地面对孩子可能提出的各种新奇话题；

• 睡前看十分钟的书，让杂乱的心绪平静下来，给自己一个安稳的睡眠。日积月累的阅读，会让你在面对孩子时有更多的话题、更丰富的信息，让孩子对你更加充满敬意；

• 大多数幼儿老师本来就多才多艺，在业余时间中，让自己的特长成为爱好，这也是一种放松心情的好方法。玩玩乐器、跳跳舞、画张画、做做手工……也许一周只是用了半小时的时间，却可以给自己的生活增添不少情趣。有时候，你的一个爱好还会让自己对生活中的某些事物变得特别敏感。比如，我熟悉的一个优秀老师，她在生活中最喜欢收集各种瓶瓶罐罐。逛街购物时，她经常被一些富有特色的容器所吸引，一边欣赏，一边还在想："这个可以放在区域里让孩子练习倒水的技能，这个图案很特别，可以让孩子欣赏一下……"据说，这种"寻宝"的过程常常能带给她无穷的乐趣；

• 周末花一小时的时间做做运动，或和家人一起到户外走走，会让你以更轻松的情绪面对下一周的挑战；

• 长假里用几天假期呼朋引伴，或和家人一起外出旅游以享受山水、体会人文，既可以增进朋友和家人的情感，又可以开拓眼界、增长见识。假期结束后，和孩子分享一下你旅游的乐趣，亦是一件乐事。

……

其实，热爱生活的人并不是一定要成为矫情的小资，而是要始终能发现生活中的美和乐趣，在任何时候都能以积极、乐观的心态去面对生活。这样的老师，他的存在，本身就是对孩子最好的教育。

（作者单位：上海市宋庆龄幼儿园）

3 追求生活的品位而非物质

陆丽频

我们的容貌是天定的，明眸皓齿、面若桃花，那是上天的恩赐，谁都不能强求；我们的品位是自主的，高雅脱俗、卓然优雅，那是我们的选择，谁都可以做主。

我相信生活品位是主观的，十个人或许会有十种不完全相同的取向。有的人认为生活品位便是住着高档小区的房子，穿着时尚、前卫的衣服，出入有名车相随，闲暇时可以欣赏音乐会或者打打高尔夫球……似乎只要有了钱，便可以拥有生活品位，或者说只有先赚到了钱，才能提高生活品位。其实，完全不是这么回事。物质只是生活品位最基础的存在，但远远不是全部。把钱看得太重，沦落为金钱的奴隶的人浑身散发着铜臭味，是谈不上有生活品位的。相反，古人所追求的"采菊东篱下，悠然见南山"的品位却是任何金钱都买不来的。

也许很多人都知道马斯洛的"需求层次理论"，该理论把人的需求分成生理需求、安全需求、归属需求、尊重需求和自我实现需求五类，依次由较低层次到较高层次排列。金钱与物质等外部因素只能满足人最低层次的需求，高层次的需求则必须依靠修养、信心等内部因素才能得到满足。

作为幼儿教师，我们必须做到言行举止健康、高雅、自然，待人接物真诚、热情、谦恭，仪容整洁、美观、优雅、得体，这些都是对于教师个人修养的基本要求。在懵懂的孩子面前，我们的一言一行、一举一动都时刻影响着他们的行为方式和价值观。也只有我们自身不放弃对于正直、正义、宽容、进取、勤奋、豁达等等高尚品格的追求，才能以身作则，为孩子率先垂范，真正做到为人师表、教学相长。

与此同时，我们还需要不断提高文化艺术方面的修养。比如，提高了文学方面的修养，谈起话来就有内涵，使用语言就会文明、优雅；提高了美学方面的修养，便能了解色彩的搭配，提高审美情趣，穿着打扮自然也会更加优雅、得体；提高了音乐、舞蹈方面的修养，举手投足、声音、表情等都会自然而然地表现出一种美感。

生活的品位不是停留在表面上的，而是内在气质的表现，是人生价值的体验，是道德修养的内涵，是各种知识的综合体现。品位，既是内在高尚品格的体现，又是文化艺术修养的体现。高雅的生活品位是用心"品"出来的五彩缤纷的生活的"味"。

我认为，追求生活品位是一种积极的人生态度。作为年轻教师，对于流行、时尚、潮流这些物质层面的元素无疑会有着足够强烈的兴趣，但这并不意味着要追潮逐流、附庸风雅。比如，闲暇时，去做个SPA，练练瑜伽，约上三五个好友一起远足踏青，这都是享受生活。有时候一件大衣、一条围巾、一把阳伞，都可以展现自己的心思、涵养，甚至一双丝袜、一枚胸针、一杯咖啡，都可以透露出自己时尚、别致的韵味。我们享受物质，但绝不能受物质的奴役。在我看来，精神层面的享受与追求才更易让人沉醉于其中：在"吹面不寒杨柳风"的春日踏青放飞心情，在"疏影横斜水清浅"的冬夜静享花香月明；或者悠然自得地品读一本好书，静静感受先贤圣人的大智慧对于自己情操的陶冶……作为幼儿教师，我认为：乐观、开朗、积极进取，始终保持着对于幼教事业的热爱，这便是精神层面最好的生活品位。

（作者单位：上海市实验幼儿园）

4 在工作时间内完成工作

龚蓉雯

时间是我们教师和所有劳动者的资本——从个人角度看，一个人拥有的最大资本就是自己的时间。每人每天拥有的时间都是相等的，但是不同的人在相同时间内所做的事情却数量悬殊。不会利用时间的人总是事倍功半，而会利用时间的人则可事半功倍。

教师的工作是辛苦的，很多人埋怨现在的幼儿教师难当，认为要当个好的幼儿教师更是时间不够。家访、谈心、备课、进行案头工作，还有单位里每周、每月的各类日常计划等等，都要花时间。每天回到家就是个"累"字。所以，我不提倡把工作带回家，提倡在工作时间努力完成工作，在生活时间尽情享受生活。

那么，如何高效利用有限的工作时间以取得最大的成功呢？我个人认为应从以下几个方面着手：

一、对时间进行规划、管理

把要完成的工作，按小时、天、周的先后时序排好，然后按计划逐个完成。如，我们可以在开学不久就把要做的班级计划、月计划等都统筹好，然后一起来系统制订。这样，所有的计划就既相互衔接，又系统，更不会有所遗漏，从而将工作安排得紧张而有节奏感，把不可控的时间转化为可控的时间，为我们的开学工作节省很多时间。相反，如果我们把时间切成零星的碎片，一会儿写班级计划，一会儿又去写另外的计划，结果就会很凌乱。

二、善于区分重要工作和一般工作

教师一天的工作是很紧凑的，精力更是有限的。因此，干工作要分轻重缓急。工作一般分三类：急事，必须马上办（班级当天出现的事要当天解决，及时和家长沟通并记录等）；优先事，尽量去办（最近有幼儿参加的评优、比赛类的事，应做到尽早有个心理准备，一边带班，一边可以为比赛等做好铺垫）；普通事，有空去办。教师应把主要时间花在重要的事情上，抓住了关键性的工作，才能有效地提高工作时间的利用率。

三、利用最佳状态去办最重要和最难办的工作

一个人在一天的不同时间里，精力状况是不一样的。生物学家通过研究发现，人和其他生物的生理活动都有明显的时间规律。人的智力、体力和情感都显现出一种周期性的变化，也就是人体内"生物钟"的表现。因此，我们应该找出自己在一天中什么时间的工作效率最高。本人就是常利用幼儿午睡时把最近感觉最重要、最难办的工作先想好，等到自己空班了就马上记录下来并整理好。我觉得，如果充分利用自己效率最高的工作时间来处理最重要和最难办的工作，而把精力稍差的时间用在处理班级琐碎的事情上，我们的工作效率就一定可以提高。

四、把常规的工作标准化

应在规章制度中对常规工作加以明确规定，并照章办事。问题出现后，可以把具体情况和处理办法写下来，作为日后处理同样问题的范例。这些范例经过逐渐改进会达到标准化，可以使我们在日后摆脱琐事的纠缠。总之，我们要保持良好的工作秩序，考虑好先干什么，后干什么，使自己的工作有条不紊，逐步变得规范化；不能东一耙子西一扫帚，更不能顾此失彼。

五、抓住今天，不唱明日歌

只有当天完成当天的任务，而不拖延到明天，时间的利用率才能提高。日本效率专家桑名一央说："昨天已是无效的支票，而明天是预约的支票，只有今天才是货币，只有此时此刻才具有流动性。"因此，当天的备课、计划、案头工作一定要及时完成。

六、有效地利用零散时间

所谓"零散时间"是指不构成连续时段，在两件事之间的空余时间。有效地利用"零散时间"，可以提高工作效率，加快工作节奏。如，我们可以利用幼儿休息、自由活动的时间进行观察、个别交谈、跟踪并做好简单的记录；利用在办公室和同事聊天的时间做一些上课用的小教具。本人有一个诀窍：化"废"为"宝"，变"闲暇"为"不闲"。"富有"的人都懂得把那些常人不注意的、被分割得支离破碎的时间都收集、利用起来，并因此取得骄人业绩，令那些不懂得充分利用琐碎时间的人目瞪口呆。

七、提高单位时间的利用率

做任何事情，都要高度集中注意力，以便缩短做事的时间。要相信自己的时间利用是充分的，要坚持认为自己还可以挤出更多的时间来。

八、有效地利用工具以节约时间

我们可以随时用自己的个人备忘录、台历、通信簿、电话、电子邮件等能够帮助我们记忆的工具，及时把当天的听课、谈话、家长工作都记录下来。这些工具若能得到很好地利用，就能有助于工作效率的提高。我们不是常说"好记性不如烂笔头"吗？本人就十分推崇做笔记：一为留档，二为避免遗忘，三为练笔。

每当在凌乱的办公室里，看着同事们忙碌的样子，听他们喊着"今天回家要接着干了"的时候，我就庆幸自己已经干完了一天的所有工作，回家可以端着咖啡享受"家"的生活了。让我们做个管理工作时间的高手吧！我们要充分利用工作时间去完成自己的工作，珍惜工作时间的分分秒秒。只有这样，我们才能回家享受生活，变成一个真正"富有"的人，一个真正轻松、快乐的教师！

（作者单位：上海市金山区康城幼儿园）

5 不要冷落了自己的孩子

吴玲玲

"我老公常说我是幼儿园里的孩子王，他是家里的孩子王。自己的孩子的事情指望不上我，我的事情还要他操心。"老师的话里有甜蜜，也有辛酸。在很多外人眼里，幼儿园老师的工作就是唱唱跳跳、哄哄小孩子，十分轻松、愉快。

其实呢，管孩子的工作，吃、喝、拉、撒都要管，教育教学不能落，家长工作要跟上，还要参加各种教科研活动。一进学校，神经就开始紧绷，难得有一刻喘息。干这行，必须有对孩子的巨大耐心。很多老师觉得，一天忙下来，回到家里真的是连话都懒得说了，更别提管自家的孩子了。有一次参加一个幼儿园的家属联谊会，说着说着，联谊会便成了老师对家属的感恩会，成了教师亏欠家庭尤其是孩子的检讨会。做个称职的教师和合格的家长是每位幼儿园教师的愿望，难道对别人家的孩子负责就必须以亏欠自己的孩子为代价吗？

其实，再忙，也不要冷落了自己的孩子。

首先，对于孩子，你在他成长中的作用是无人取代的，尤其是在幼儿园和小学阶段。等孩子上了中学对家长的依赖减少后，那些在早年做"甩手掌柜"的家长常常会觉得心酸和后悔：孩子和自己不亲，什么事情都不和自己讲；孩子性格不好，动不动就和自己顶撞。不良的亲子沟通不仅影响孩子一生良好性格的形成，还影响孩子将来的家庭生活质量。而且，没有和谐、幸福的家庭做支撑，你也无法安心地做好幼儿园的工作。因此，目光宜放长远，在自己的孩子的幼小阶段，不管多累、多忙，也不要忽略了他、冷落了他，以免留下无法弥补的遗憾。

其次，为人父母，这是种美妙的感觉，而做个好家长和做个好老师是有很多契合的地方的。在生活中学着做个好家长，对幼儿园老师来说也是一种专业成长的历练。

在幼教界有这样的说法："只有做了家长，才能做好老师。"家长在挑老师的时候，也常常会说："我希望把孩子放在做了家长的老师的班里。"虽然，长久以来，我一直不赞成这样的观点，因为好老师更多的是需要具备高尚的师德。而且，在我们的身边，有着许多未婚、未育的优秀教师，他们为孩子付出着自己的热情、知识与爱心。但是，在我自己做了家长以后，我才真正觉得这样的说法不无道理。只有成为了家长，你才真正有机会全面地去了解一个孩子，了解他的健康、他的生活、他渐渐成长的过程……

比如，前一阵，两岁半的儿子开始对识字表现出莫大的兴趣。看到绘本上的字，他就用手指着问我："妈妈，这是什么?"于是，我就把一些常用的词语用毛笔誊写在卡片上，教他认。一周下来，儿子就认得一百多个汉字了。在教科书中我学到的是：四到五岁是幼儿识字的关键期，可是在儿子身上，我发现可能托班年龄的孩子也可以开始识字。在幼儿园大班幼小衔接中，孩子的识字量的大小和小学的要求衔接始终是困扰老师和家长的问题。而在儿子身上，我看到了如此轻松、快速的识字过程。由此，我开始反思：在幼儿园教育中，是否应该尝试更多低龄的渗透化的识字游戏和识字环境，让孩子轻松、愉快又高效地识字呢?

再如，前一阵，上托儿所的儿子感冒了。由于反复感冒，一个月下来发展成了间质性肺炎。看着他咳得红红的小脸，我心里不禁希望自己能代他承受这一切。以前碰到班级里的孩子生病，作为老师，我常常会觉得个别家长有时小题大做，但是经历了自己儿子生病的过程后，无论面对家长怎样的要求，我都能接受，都觉得是情有可原的。

对于一个幼儿老师来说，仅有教育教学的技能是远远不够的。我们的职责不只是促进幼儿认知上的发展，更重要的是呵护他们心理、生理的健康，尤其是随着幼儿园保教结合理念的深入推广，教师被要求具备更加全面的知识结构。我庆幸，也珍惜作为母亲的经历。由于见证了儿子的成长，照料着他的生活起居，经历了他的病痛困苦，我在幼儿保健、保育方面的知识也在不知不觉中变得丰富起来。

其实，陪伴自己的孩子成长，也并不是一件十分艰难的事情，只要做到以下几个"一"，就可以让你把自己的孩子和别家的孩子都兼顾了。

一次谈话：每天早餐或者晚餐的时候，和孩子进行一次五分钟的谈话，多倾听，少打断，让孩子养成乐于和你沟通的习惯。

一个故事：每天临睡前给孩子讲个故事。所讲的故事可以是书上的，也可以是你自编的，让孩子在你的故事里甜甜入睡。孩子进小学后，可以进行亲子互编的故事，你说一段，孩子编一段，这个过程既有亲子乐趣，又能发展孩子的语言表达能力和想象力。

一次陪伴：陪孩子玩耍、练琴、写作业，了解孩子的学习情况。如果有条件，每天用一小时陪读；如果没有时间，一周一次的陪读也能让孩子感受到你的关爱。

一份爱心餐：每周为孩子精心准备一份别致的爱心餐。你可以用爱心模具烘焙一个蛋糕，也可以做一份孩子最爱吃的菜肴，让孩子在平淡中有所期待。

一次接送：每天接送自己的孩子，这对幼儿园老师来说几乎是不可能的，但每周一次的接送还是可以做到的。在接送的途中，和孩子聊聊、说说学校里的情况，了解一下孩子的心理动态。

一次外出活动：每个周末抽出一天或半天的时间来安排孩子进行喜爱的外出活动，和孩子共同享受亲子时光。

爱，不在于花费的时间有多长，而在于相处的品质有多高。利用我们有限的业余时间，发挥我们的教育特长，在陪伴自家孩子成长的同时提升自己的专业成长，这并不是件难事。

（作者单位：中国福利会托儿所）

图书在版编目（CIP）数据

给幼儿教师的建议/朱家雄，张亚军主编 . 一上海：
华东师范大学出版社，2010.1
　ISBN 978 – 7 – 5617 – 7471 – 7

　Ⅰ.①给... Ⅱ.①朱... ②张... Ⅲ.①学前教育—
教学参考资料　Ⅳ.①G613

　中国版本图书馆 CIP 数据核字（2010）第 005921 号

大夏书系·幼儿教育

给幼儿教师的建议

主　　编	朱家雄　张亚军
策划编辑	吴法源
文字编辑	邵红丽
封面设计	大象设计
责任印制	殷艳红

出版发行	华东师范大学出版社
社　　址	上海市中山北路 3663 号　邮编 200062
电话总机	021 – 62450163 转各部门　行政传真 021 – 62572105
客服电话	021 – 62865537（兼传真）
邮购电话	021 – 62869887
门市地址	上海市中山北路 3663 号华东师范大学校内先锋路口
网　　址	www . ecnupress . com . cn

印 刷 者	北京密兴印刷有限公司
开　　本	700×1000　16 开
印　　张	15
字　　数	200 千字
版　　次	2010 年 6 月第一版
印　　次	2022 年 7 月第十七次
书　　号	ISBN 978 – 7 – 5617 – 7471 – 7/G · 4319
定　　价	28.00 元

出 版 人	朱杰人

（如发现本版图书有印订质量问题，请寄回本社市场部调换或电话 021 – 62865537 联系）